野人

猶太媽媽給孩子的3把金鑰匙

生存力

意志力

解決問題的能力

教出億萬鑽石CEO的猶太媽媽
沙拉・伊麥斯——著

野人家137

猶太媽媽給孩子的3把金鑰匙

生存力 意志力 解決問題的能力

【隨書贈：3大關鍵能力教養實踐MEMO表】(三版)

作　　者　沙拉・伊麥斯

野人文化股份有限公司

社　　長　張瑩瑩
總 編 輯　蔡麗真
責任編輯　鄭淑慧、李怡庭
專業校對　魏秋綢
行銷經理　林麗紅
行銷企劃　蔡逸萱、李映柔
封面設計　周家瑤
美術設計　洪素貞

出　　版　野人文化股份有限公司
發　　行　遠足文化事業股份有限公司(讀書共和國出版集團)
地址：231新北市新店區民權路108-2號9樓
電話：（02）2218-1417　傳真：（02）8667-1065
電子信箱：service@bookrep.com.tw
網址：www.bookrep.com.tw
郵撥帳號：19504465遠足文化事業股份有限公司
客服專線：0800-221-029
法律顧問　華洋法律事務所 蘇文生律師
印　　製　成陽印刷股份有限公司
初　　版　2015年1月
二　　版　2020年3月
三　　版　2023年9月

歡迎團體訂購，另有優惠，請洽業務部（02）22181417分機1124

國家圖書館出版品預行編目資料

猶太媽媽給孩子的3把金鑰匙：生存力、意志力、解決問題的能力/沙拉.伊麥斯(Sara Imas)著. -- 三版. -- 新北市：野人文化股份有限公司出版：遠足文化事業股份有限公司發行, 2023.09
面；　公分. -- (野人家；137)
ISBN 978-986-384-918-6(平裝)
ISBN 978-986-384-920-9(EPUB)
ISBN 978-986-384-919-3(PDF)

1.CST: 親職教育 2.CST: 子女教育 3.CST: 親子關係

528.2　　112013584

野人文化
官方網頁

野人文化
讀者回函

猶太媽媽給孩子的 3 把金鑰匙：生存力、意志力、解決問題的能力

線上讀者回函專用QR CODE，你的寶貴意見，將是我們進步的最大動力。

推薦序——

猶太教養，開創親子之間更多的可能！

陳若雲（平凡媽）

這本書非常有趣！作者沙拉的孩子生在中國，長在以色列，兩種極端教育融合交錯，造就了她以及她的孩子，特殊的成長經歷和生命故事，而這些結果（或者說成就），其實是大部分父母的期待，但是，大家往往忽略了，得到這些結果所必須經歷的過程。

這「過程」是什麼呢？是「把孩子當成一個獨立個體，而非考試機器」的教育過程。父母面對考試的態度，應該是把考試當成校正學習的工具，發現問題，陪伴孩子找到解決問題的方法和路徑，給孩子機會可以不斷地練習自己解決問題。而非把考試當成人生選項的唯一結果，孩子只要考試考好什麼都不必學、不必做。

遺憾的是，在台灣，大部分的父母，還是偏向後者的教育方式。認為「孩子還小，只要會讀書，學校考試考好就行了」。這是我三年多前一場又一場推廣兒童理財教育演講後回收的問卷裡，父母不給孩子零用錢的標準答案。

為什麼要給零用錢？因為這樣孩子才有機會學習和練習，如何做選擇，如何做決定，什麼是「需要」，什麼又是「想要」，等到有一天在他手上的錢不是十塊而是一百萬時，他才能在「有經驗可循」的基礎上，妥善地運用他手上的錢，理性地消費，讓錢幫他的生命創造價值和效益，而不是變成金錢的奴隸。

反之，沒有拿過零用錢，沒有機會練習做選擇和做決定的孩子們，所有的想要都是需要，所有的選擇都會被滿足，因為只要考試考好，向爸媽伸手就行，但考試考不好呢？就什麼都沒有了嗎？

曾經身在金融界，看到很多大人因為不善理財，誤把理財和投資混為一談，以致於精采的人生還沒有開始，就因為欲望無窮或貪婪恐懼，而背負起龐大的債務壓力，人生什麼都變了調……這些大人，都曾經是「沒有零用錢」可以練習理財的孩子。

所以每一場演講我都試著告訴父母，理財不等於投資，讓孩子學習理財，不是要孩子背出什麼是基金，甚至會自己開戶操作股票……學習理財，其實是在學習管理錢財，是在練習選擇和決定，而每一個選擇和決定的背後，其實是在學習價值觀和品格力，因為孩子同時必須學會，為自己的選擇和決定負責，承擔風險，靠自己解決問題。一旦學會管理金錢，他也就會管理時間、管理他的人際關係，管理好他生命中大大小小的問題和答案！

我很欣賞猶太父母的教育方式，也一直在生活中實踐，從小要求兩個女兒，做「能力所及」該做的所有事，包括學習，也包括家事；因為要判斷是否「能力所及」，讓孩子一步步練習父母一步步放手，所以必須近距離陪伴，最終，收穫不只在培養孩子未來的生存力和解決問題的能力及自信，更多的收穫，其實來自於陪伴而非操控孩子成長的過程中，親子間所累積的愛與信任的豐厚存摺，對此，我很感恩，也希望每一位台灣父母都能跟我一樣，充分享受著成為父母的幸福及樂趣。

這是一本非常棒的教養書，我很喜歡，希望您也一樣喜歡，而且受用無窮！

目錄

PART 3 延遲滿足，發展孩子的意志力 129

PART 5 用「樂觀」與「愛」建立深厚親子關係　259

PART 1

猶太媽媽給孩子的3把金鑰匙——生存力、意志力、解決問題的能力

我曾經是個為孩子無怨無悔奉獻一切的中國媽媽，
只要我的孩子能夠用功讀書，考上好學校，擁有美好的將來，
即使要我犧牲自己的幸福，我也心甘情願。
然而，在以色列經歷過教養大震撼之後，
我打破愛子的迷思，走出教養的地雷區，用正確、科學的方式去愛孩子。
猶太爸媽傳承已久的愛子祕笈，讓我的孩子產生了脫胎換骨的變化。

我改變教養方式，成就了孩子的富翁夢

常有朋友對我說：「我真羡慕你，不是羡慕你的兒子是億萬富翁，可以買別墅、車子給你，而是羡慕你培養了讓人不操心的兒女！」

十年海外生活，十年跨國教育，讓我明白了猶太人愛子祕笈的宗旨：「愛孩子是一門科學，是一門藝術，愛要愛得有意義、有價值、有作為！」

回以色列尋找失落的愛子祕笈

二十世紀的三〇年代，我的父親立維．伊麥斯（Leiwi Imas）逃離蘇聯，一路顛沛流離到了上海，父親到了上海二十多年後，憑藉猶太人的韌性與智慧闖出一片天。我接受混合式教育，在外頭，我和普通的小朋友一起接受小學教育，能說普通話和上海話，甚至蘇北話；在家裡，我接觸的都是猶太人聯合會裡的猶太人，用英語交流。父親教了我猶太禮俗和宗教信仰，還有一種古老的希伯來語「意第緒語」（Yiddish）。

我十二歲時，父親驟然離世，童年的甜美頃刻間化為烏有。正所謂「禍不單行」，一九六七年，身為猶太後裔的我未能逃過「文革」，被趕出家門，還被剪去一頭天生的鬈髮，以色列政府寄來的信件也遭查抄，就連父親在青浦吉安公墓的墓地也沒能保住。

因為文革，我只讀到國一就輟學了。

一九七一年，我進入上海銅廠，成為靠勞力吃飯的女工，但我很開心終於可以自食其力了。之後，我像其他女人一樣結婚生子，育有三個孩子，長子以華、次子輝輝和小女兒妹妹，分別在七〇年代末、八〇年代初出生。

九〇年代初，中以建交。我想回到父親生前心心念念的故鄉以色列看看。此外，我還有個異想天開的念頭，我聽說猶太人的教育觀享譽全世界，想去以色列取經。當時我剛離婚，是個失敗的妻子，但我想做一個成功的母親，便帶著三個孩子從上海回到以色列，這一去就是十餘年，三個孩子的青少年時代都在以色列度過。

回首來時路，我很感恩。感謝中國和以色列這兩片睿智的土地，讓我在得天獨厚的跨國教育，在世界上最愛子女、胎教文明最早開展的兩個民族對話中，懂得了愛子女的真正價值。

當年，我是第一個從中國返回以色列的猶太後裔，受到時任以色列總理拉賓（Yitzhak Rabin）的接見。總理對我說：「猶太人愛子女跟中國人一樣，舉世聞名。相信這片土地將會讓你找到愛子祕笈。」

那麼，以色列人的愛子祕笈是什麼？這個祕笈並非以色列特有，其實早就蘊藏在智慧的中國大地裡，是時代變遷讓我們遺失了這珍貴的寶藏。所以，這一代的華人父母及新生代的父母才會對教養感到困惑。這一代的父母是史上最具犧牲精神、愛孩子愛得最無私、最赴湯蹈火的父母，然而，這一代父母犯下的教養失誤也最多。「啃老族」、「草莓族」成了社會問題；「中國媽媽」一詞登上了美國辭典，暗喻為對子女照顧得無微不至、關懷備至、過度熱心的媽媽形象。

如果當初我沒有找到傳說中的愛子祕笈，如果我在四十四歲那年沒有改變愛孩子的方法，今天的我可能還是昨天那個「事必躬親」的「電鍋」、「洗衣機」、「直升機媽媽」，我的三個孩子也不會產生脫胎換骨的變化：二〇〇一年，以華服完兵役，進了以色列勞工部，現在在香港工作；輝輝在以色列國防部服役三年後，成為鑽石商人；小女兒妹妹馬上要讀大學了，她的夢想是攻讀政治經濟學系，將來當一名外交官。

如今，我的兩個兒子都已成為億萬富翁，而我成了富翁的母親。

我慶幸自己及時改變教育方式，教出讓人不操心的兒女

人生之路漫漫，家長之愛殷殷。三個孩子成長得比我想像中還優秀。大兒子以華、二兒子輝輝是「七〇後」（指一九七〇至一九七九年出生的一代），小女兒妹妹是「八〇後」（指一九八〇至一九八九年出生的一代），三人在十六、七歲時，就像商量好了一樣，唧唧喳喳地圍繞在我身邊對我說：「媽媽，你給了我們三把鑰匙——生存力、意志力和解決問

題的能力，我們也要給媽媽三把鑰匙！」

以華說：「媽媽，我要給你一把車鑰匙，你的腳總是因為骨刺疼，我要讓你不再那麼辛苦。」

輝輝說：「媽媽，我要給你一把別墅鑰匙，讓我們全家人都能住在一起！」

妹妹最小，也搶著跑過來說：「我是女生，一定要給媽媽一把珠寶箱鑰匙，裡頭裝滿珠寶首飾！」

讓我感動的是，三個孩子有夢相隨、行動最美，擁有這樣的兒女是我為人母的驕傲。

二〇〇二年，二十三歲的輝輝交給我位於上海張楊路的別墅鑰匙，這棟別墅是他用工作賺的第一桶金買下的。

輝輝的人生相當精采，是一部少年英雄的奮鬥史，由他自己寫成書會更好看。他曾受到微服私訪的以色列前國防部長的青睞，被推薦到情報部工作；之後經過重重考驗，獲得世界鑽石之都特拉維夫頂級鑽石公司聘用。讀大學期間，他就已經是上海灘嶄露頭角的鑽石猶太新貴。大學畢業後，他用自小學會的投資理念，自己創業獲得人生第一桶金，成為全球屈指可數的完美切割鑽石生產商的合作夥伴，在全球二十多個國家設有分公司，合作夥伴遍布全世界。不到三十歲，他就實現了成為世界富豪的夢想。

以華也把許諾的汽車鑰匙交給了我。他知道我熱心社會事務，就讓車子幫我代步。以華原本性格內向，用今日的話來說就是「宅男」。在猶太教養法的指導下，我當起了他的社交訓練師，在家裡為他上待人接物的課。結果，內向的以華讓我們大開眼界，他在學校開設了「走進中國」講座，凡是購買門票的同學都可以免費品嘗中國春捲，用創意行銷擴大了我們家春捲生意的影響力。

以華畢業於上海外國語大學，不僅學習成績優異，人品也是眾口稱讚。在以色列服兵役期間，他年年都捧回模範士兵獎狀；服完兵役後，以華通過極嚴格的筆試和面試，成為以色列政府的勞工部官員，這對中國青年來說非常不容易。二〇〇七年，而立之年的以華想對自己的人生做出新一輪的挑戰，選擇了鑽石領域。現在，從其產品的受歡迎程度來看，他的前途一片光明。

小女兒妹妹想送給我一把珠寶箱鑰匙，她正在鍛造中。二〇一〇年就讀大學的她，夢想成為出色的外交官。我相信，我離握到這把珠寶箱鑰匙的日子不遠了。

孩子們的感恩之心讓為人母的我甚為感動，但是，對父母而言，我們不需要兒女送給自己多少房子、轎車和珠寶，若天底下的孩子都能善解人意地對待父母，就已經是父母最大的欣慰和滿足了。

常有朋友對我說：「我真羨慕你，不是羨慕你的兒子是億萬富翁，可以買別墅、車子給你，而是羨慕你培養了讓人不操心的兒女！」

每當這時，我都會跟來取經的父母分享愛子祕笈。受邀上電視節目《魯豫有約》時，我曾對天下父母說，不是我做了富豪的母親，而是良好的家庭教育成就了兒子的富豪夢。最讓我放心的是，孩子們從來不以錢為目標，他們更看重人生的智慧與閱歷。

打破迷思，學習愛孩子的正確觀念

我六十歲生日時，孩子們的一番話，讓我非常安慰、滿足。他們說：「人生就像迴旋梯，當你轉回原來的方位時，就會發現自己所在的高度變了，過去與現在不可同日而語。感謝媽媽智慧而理性的愛，教育我們學會做人、負責和生存，讓我們在成長的道路上受益匪淺。謝謝媽媽！」

孩子們的感觸，也反映出我愛孩子的感悟。十年海外生活，十年跨國教育，讓我明白了愛子祕笈的宗旨：「愛孩子是一門科學，是一門藝術，愛要愛得有意義、有價值、有作為！」猶太父母愛孩子的方式，引導我走出以往的教養迷思。

打破迷思 1

愛孩子，需要學習——追求高品質的愛

愛孩子是一種情感，是一種天性，但也是一門學問，一門藝術。就好比學醫，你不可能生下來就是醫生，必須經學習才能成為醫生，而父母也必須經過學習並付出努力，才

會懂得愛孩子的真諦和技巧。在家庭教育中，愛孩子是教育孩子的基礎和前提；愛也是一種教育手段，愛的目的、方式和技巧不同，教育的效果也有天壤之別。身為父母，不須擔心你不愛孩子，就怕你不懂得如何愛孩子、如何教孩子！

打破迷思 2

愛孩子，也可能變成害孩子——別當「孝子孝女」與「直升機父母」

有的父母希望給孩子最好的一切，對於孩子的種種要求照單全收，堪稱現代的「孝子孝女」。但過度寵溺並順從的結果，就是讓孩子養成「未富先嬌、未貴先奢」的習慣。長此以往，孩子習慣從父母身上索取自己想要的一切，失去了自立的動力與能力。「孝子孝女」的結果，就是養出了「啃老族」。

「直升機父母」是指一些父母在愛孩子的過程中，始終盤旋在孩子頭上不肯撤退，他們經常會因為孩子的成功或失敗，出現過度的欣喜與憂傷，產生較多負面的想法。直升機父母把過度的熱心及教養做為禮物送給孩子，他們對孩子的愛變得愈來愈沉重、偏執、模糊，乃至失去方向。

有人以為，身為父母，應該給孩子一切，為他犧牲一切，甚至犧牲自己的幸福。其實這樣過度的愛，對孩子來說恰恰是傷害，這種愛讓孩子變成思想、精神和人格上的終生殘廢。著名教育家馬卡連柯（Makarenko）曾經這樣比喻：「如果你想毒死你的孩子，就把你所有的幸福全餵給他，他就會被毒死。」愛孩子，最可怕的就是犧牲父母的幸福來栽培孩子。

打破迷思 3

愛孩子，要以讓孩子終生受益為目標——短視的愛，無法成就孩子

我在以色列生活了十年，發現很多家族的財富都世代相傳，仔細想想，他們世代相傳的不僅是財富，更是創造財富的技能和素質，而這些東西比金錢更有價值。這不是來自遺傳，而是來自猶太父母高品質的愛子方式。

雖然猶太人僅占世界人口的二%到三%，但是操縱世界經濟命脈的猶太人卻不計其數。這些人當中，不僅出現過羅斯柴爾德、洛克斐勒、哈默等企業巨擘，還產生了索羅斯、葛林斯潘等金融大鱷；美國大學中有二〇%的教授是猶太人，律師、醫生行業裡的佼佼者也常非猶太人莫屬；獲諾貝爾獎的美國人當中，有三一%是猶太人。

關於如何愛孩子，猶太父母有一套獨特的方法：猶太家長對兒女的愛，以終生受益為

十年海外生活，十年跨國教育，讓我明白了愛子祕笈的宗旨：

「愛孩子是一門科學，是一門藝術，愛要愛得有意義、有價值、有作為！」

目標，他們不做短線，反而做長期投資。

愛孩子，要用理智且有智慧的方法——一味付出，孩子不見得會幸福

應該如何愛孩子，我們無法提供固定的模式，也不可能有萬靈丹。但是，真正會愛孩子的父母，他的孩子在各方面的發展都非常出色。比如說孩子對父母的依賴程度較小、獨立性強、思想開闊、自信、解決問題的能力強、抗壓性強、懂得如何與人相處、適應環境快、容易從錯誤中學習、有安全感，不須父母操心，會把注意力集中在自我發展上，也更懂得調適心情。

華人父母為孩子付出的愛之深，犧牲之巨，在世界上是少見的，但如果只要溫度不要理智，只管犧牲不講究智慧，習慣一手攬下而不肯撤退，就真的可能只見苦勞不見功勞了。最令人憂心的是，很多父母深陷在錯誤的愛中，卻絲毫沒有意識到自己就是其中的一員。

當你把所有的一切，包括生命、財富、地位、時間、精力全部交給孩子，你的孩子也不見得會終生幸福。只有教會孩子謀生、學會追求自己的目標、享受達到目標後的幸福和滿足，你才會有從容的晚年，孩子也才會收穫成功的人生。

中國媽媽在以色列的教養大震撼

去以色列前，我始終秉持著「再苦也不能苦孩子」的原則去愛孩子。
剛移民到以色列時，我還是個把孩子伺候得無微不至的一百分母親。
直到有一天，隔壁鄰居大嬸一番嚴厲的話，
才讓我驚覺原來自己深陷在愛子迷思卻不自知。

我曾是個典型的中國媽媽

一九七八年一月二十四日上午十點三十分，我的大兒子以華出生了，欣喜、激動與憧憬充溢著我的身心。老天爺給了我這麼好的禮物，我暗自祈禱：「讓他健康，讓他快樂。」我為他取名叫以華，寓意是他身上流著中國和以色列的血脈。

巧合的是，十四年後的一月二十四日，同一天同一個時辰，中國和以色列建交了，只是晚來了十四年。猶太人說：「你被給予的任何東西，都是最好的預祝。」

以華之後，二兒子輝輝、女兒妹妹相繼出世。天下媽媽有多愛孩子？為了孩子可以奉獻多少？這些問題是永無答案的。我下定決心，一定要用全部的愛去溫暖三個孩子的人生，一定要把自己全部的心血注入孩子的身心，給予他們生命的力量。

一九九二年，我結束了不愉快的婚姻，帶著三個孩子移民以色列，開始了新生活。當時，三個孩子最大的十四歲，最小的只有三歲。如何讓三個孩子在一個不完整的家庭裡健康長大，是我最重要的課題，當時我便下定決心，絕對不讓婚姻的不幸影響到孩子的成長。

去以色列前，我始終秉持著「再苦也不能苦孩子」的原則去愛孩子。剛移民到以色列時，我還是個把孩子伺候得無微不至的一百分母親。孩子們不用疊被、燒水，更不用做飯，我只要求他們好好讀書，將來考上好的大學。

初到以色列的日子，比想像中要困難許多。當時，我受到了時任以色列總理拉賓的接見。拉賓對上海也有感情，當他知道我從中國移民、並且是從上海來的時候，就很想見我。見到拉賓時，我滿靦腆的。拉賓不知道我懂希伯來語，用英語跟我說：「你有任何問題，都可以找我，我會盡最大努力幫助你。」當時我用希伯來語回答：「我不需要幫忙，我自己有手。」他馬上說：「啊，你非常了不起！」

倔強的性格讓我堅持下來，先是克服語言問題。四十二歲的我苦攻希伯來語，為了學習，我專門找老人聊天，因為他們空閒又怕寂寞，一聊就是半天，可以好好鍛鍊我的口語。不到半年，我就掌握了希伯來語的習慣用語。

學會語言以後，就要想辦法增加家裡的收入，我想起在上海菜市場裡看過人家做春捲皮。憑著記憶中上海老人開粉、做春捲皮的樣子，我摸索著和麵、做春捲皮。在做壞了

四、五斤麵粉後，終於做出了第一張春捲皮，當時我再也控制不住，淚水奪眶而出。那時候，我最大的夢想就是努力賺錢，讓孩子好好讀書，供他們上大學，讓他們快快樂樂地長大。

每天早上，我先把孩子送到學校讀書，之後出去擺攤賣春捲。下午，孩子放學了，就來春捲攤找我。我先把他們安頓好，到了吃飯時間，我就停止營業，在小爐子上煮餛飩、麵條或餃子給孩子吃。到了晚上，累了一天的我還會在燈光下用親手做的識字圖卡教孩子希伯來語。不論多忙多累，我都不讓孩子動手，一手包辦所有家事，他們只負責學習。

中國式教育在以色列行不通

日子一天天過去，三個孩子依然圍繞在暖洋洋的火爐旁等著我做飯。直到有一天，隔壁鄰居大嬸來家裡串門子，看到我手忙腳亂地做好飯，一碗一碗為孩子盛好，擺在飯桌上，她實在看不下去，心直口快地說：「孩子們，你們已經是大人了，怎麼能像客人一樣看著媽媽忙進忙出，也不伸手幫幫忙呢？怎麼一動也不動等著媽媽來伺候你們呢？」然後，鄰居大嬸轉過頭來訓斥我：「不要把你那種落後的教育方式帶到以色列，別以為生了孩子就是母親。天下父母沒有不愛孩子的，但是，愛孩子要有分寸、有原則、有方法。」

鄰居大嬸心直口快，她看不下去我把孩子照顧得無微不至，伺候已經超過十四歲的孩子。這也難怪，到了以色列我才發現，以色列家庭的孩子無一例外都參與家務，而且愈是富裕家庭的孩子，愈會被父母推出家門體驗生活。在以色列沒有「富不過三代」這句話，在他們看來，富可以富三代，關鍵就看父母給孩子什麼樣的愛。

華人覺得愛是愛，教育是教育；猶太人覺得愛本身就是一種教育。所以鄰居大嬸對我的批評，我其實早有心理準備，只是沒想到她會這麼一針見血、直截了當。當時，那位大嬸不留情面地對我說：「你這樣不是愛孩子，是在害孩子。你怕孩子做家事會耽誤時間、影響學業，寧可自己咬牙承擔起全部的家務。可是你必須讓孩子體認到他們也是家庭的一員，對家人也得負起責任。他們應該在能力所及的範圍內，分擔父母的負擔，這樣絕對不會影響他們的課業。當孩子找到價值感、尊嚴感，就會主動學習，效率會更高。而一個沒責任感和不懂價值感的孩子，儘管坐在書桌旁，也是心猿意馬，不會認真學習。」

猶太民族是非常尊重知識的民族，即使是沒受過高等教育的人，也會讀很多書。鄰居大嬸雖然不是博士、教授，她說的一番話卻讓我醍醐灌頂，至今仍回味無窮。

「沙拉，父母能給孩子許多愛，卻不能代替孩子長大。每個父母都疼愛自己的孩子，但這份愛是要有品質的。有的愛就像清水，潤過孩子乾渴的喉嚨之後就無影無蹤；有的愛則像是濃濃的鮮血，注入孩子的身心，一生都將在孩子身上流動，給予孩子生命的力量。」

鄰居大嬸語重心長地說了個故事給我聽，後來我跟許多媽媽聊天時，也常說起這個以色列家喻戶曉的故事：

一隻母獅子教小獅子捕獵。母獅子對兩隻小獅子說：「孩子們，現在我要教你們打獵。好了，現在就開始去追兔子吧！」

母獅子話音剛落，兩隻小獅子就開始奔跑起來。突然，大的那隻因為跑得太快摔倒了。母獅子心疼地對牠說：「孩子，你以後不用捕獵了。」每天，母獅子都帶著老二去捕獵，老二吃飽了之後就把剩下的肉給老大吃，老大從此過著悠閒的生活。日復一日，年復一年，母獅子有一天病死了，老大和老二都長大了，只好出去捕獵。追著追著，牠倆走散了。老大想找食物吃，卻什麼也不會。過了三天，老大倒下了，牠對世界說的最後一句話是：「媽媽，我恨你！」

讓孩子在能力所及的範圍內，分擔父母的負擔，這樣絕對不會影響他們的課業。當孩子找到價值感、尊嚴感，就會主動學習，效率會更高。

教孩子學問之前，先教他如何生活

其實，我對鄰居大嬸的教育並不陌生，小時候，爸爸也這樣教育過我。年邁的爸爸總是在喝完早茶後，一邊聽〈藍色多瑙河〉〈寧靜湖泊〉，一邊輕輕對我說：「沙拉，你千萬不能因為爸爸現在在你身邊照顧你，就把這種照顧當成習慣，因為爸爸不能一直陪在你身邊。你必須隨時告訴自己：今天我能做『豌豆公主』，明天也能睡柴房；今天有爸爸叫我起床、接我放學、幫我準備好衣服，我可以睡到自然醒，慢慢收拾東西，若明天爸爸不能來接我，我也能改成早早利用時間，把第二天要用的東西準備好，把衣服整理好。只有這樣，你才能『能屈能伸』；只有這樣，爸爸才能放心。有一天，你離開家，就不會吃大虧。」

「沙拉，你將來一定會去學校過團體生活。你記住，一定要勤勞。要主動打掃四周的環境，別忘了環境是大家都共用的。要多幫別人做事，才會有人緣。」

爸爸擔心我不能面對生活的無常，怕我把茶來伸手、飯來張口當成習慣，他苦口婆心地教育我，就是怕我不夠勤勞，不受人歡迎。他更怕有一天他不在了，我沒有自力更生的能力，無法在社會上立足。猶太人讓孩子學習知識之前，都會先讓孩子學會做事情的基本能力。**在猶太人看來，一個連飯都不會做的人是沒資格做學問的。**

好比我們的猶太鄰居，經濟條件不錯。他們之所以住我們隔壁，是因為家裡正在裝修，臨時租了我們隔壁的房子。儘管經濟上十分寬裕，他們家還是讓十歲的兒子看家裡的帳目，讓孩子知道現階段生活要花掉多少錢，明白家裡需要很多錢來付帳單。

為什麼要這樣做呢？對方解釋，因為他們想讓孩子明白：「誰都喜歡玩，但要得到自己想要的自由和玩具，就必須接受良好的教育並獲得好的成績，有工作、有生存的能力才能辦到。」

儘管我的潛意識裡認同猶太父母愛孩子的方式，也看出這種方法培養出的孩子在謀生處事方面比我的孩子要強許多，但要我改變自己愛孩子的方式，我還是百般猶豫。我擔心這麼做會在孩子心中留下陰影，萬一他們跟我不再像以前那樣親密，該怎麼辦？

但是，以華和輝輝很懂事。一方面，他們從上海到以色列後，親身體會了以色列「生存從小學起」的教育方式，感受到同齡的朋友比自己更勇敢、堅強，也更有目標和生存能力；另一方面，他們也想像個小大人一樣，幫媽媽承擔家庭的責任。兄弟倆對我說：「媽媽，也許鄰居說得沒錯，讓我們試著鍛鍊一下吧。」

身處以色列、耳濡目染的猶太家庭教育、鄰居的批評在在促使我思考：我過去的教養方式是不是太感情用事、太不科學，有落後之處？這會耽誤孩子的未來嗎？我是不是應該重新建立母親的價值，重新思考自己滿腔的母愛？這些思考像一根根火柴般點醒了我，讓我去比較中國母親的愛與以色列母親的有什麼不同，又有何相似之處，而這些異同又會對下一代的成長產生什麼影響。

猶太家庭教育的特色——點燃孩子的生命潛能

十年的跨國教育經驗，讓我體認到一件事：
華人父母愛孩子的畫面像子宮圖，猶太父母愛孩子的畫面卻像篝火圖。
健康的親子之愛，應以子宮為出發點，
在旅程上點燃篝火，點燃孩子生命深處的生存技能和生命潛能。

天下沒有不愛孩子的父母，在愛孩子上，猶太父母和華人父母不分伯仲，都是赴湯蹈火、掏心掏肺。但是，在如何愛孩子、愛的目的、愛的理念、愛的方式、愛的技巧上，猶太父母和華人父母卻有顯著的不同。

猶太教育的基礎——培養生存能力

猶太父母以「培養孩子的開拓精神，使孩子成為自食其力的人」為出發點，點燃孩子生命深處的技能和素質。他們從「愛孩子就要為他們深謀遠慮」的思考出發，把學會獨立生存當作最貴重的禮物送給孩子。

猶太家長不光是嘴上說說這些理念，還會身體力行。孩子們經常參與家庭的活動，跟父母一起做能力所及的家事，如整理房間、做簡單飯菜、收拾院子、種植花草樹木、洗車、清潔室內外、購物等。**猶太家長認為做家事是孩子生存教育的基礎課程。**

全世界都知道猶太人的理財術獨步天下，殊不知**猶太父母從小就灌輸孩子「不勞無獲」的法則。以色列家庭教育有句口號：「要花錢，自己賺！」**孩子想要父母滿足他們的願望時，猶太父母會告訴他，你必須經過自己的努力，才能換取想要的東西。在猶太父母看來，優越的家庭條件並不一定是好事，再富也不能富孩子。

別誤會猶太孩子幫父母做家事或出去打工，是受到金錢的驅使，是讓家庭關係退化成金錢關係。**在猶太父母看來，金錢教育絕不只是理財教育，在很大程度上還是人格、品德教育。**猶太人對孩子的培養重視長期投資，他們不會擔心孩子今天去擺地攤，就代表他一輩子都會擺地攤。品嘗了生活的真實味道，尋找到人生的方向和榜樣，更容易激發孩子樹立人生理想的願望，相比之下，錦衣玉食的孩子反而不容易樹立目標。

況且，家務勞動、有償生活機制、理財從小學起，並不是說猶太人不尊重知識；相反的，猶太家庭以產出博士為榮耀。猶太人中的諾貝爾獎得主、學科領域的代表人物，以及各類專業人才，其人數之多、占人口比例之高，是其他民族望塵莫及的。對猶太父母來說，他們很願意支持孩子讀碩士、博士，目的不是要讓孩子拿到一紙文憑，而是幫助孩子擁有實現美好人生的能力和素質。

不讓孩子太早吃到棉花糖，刻意創造「匱乏環境」

很多父母對孩子付出一片愛心卻成效甚微。為什麼父母愈理解、體恤、滿足孩子，孩子反而不理解、不體恤父母，甚至折磨父母呢？在猶太父母看來，這是家長只知道愛，而不知道教造成的。

猶太家庭教育之所以成功率很高，在於他們很重視從小為孩子建立家訓。為了讓孩子更能夠理解家訓、尊重父母，他們還精心設計了很多小技巧，比如說建議學校辦「參觀爸媽的一天」的活動，配合自己的家庭教育協助孩子體諒父母持家的不易，學會珍惜和責任。

猶太父母認為，大人適當地讓孩子知悉家中經濟狀況並非壞事。這樣，孩子會更懂得珍惜生活，珍視父母日出而作、日落而息的辛勞工作，不再把父母當成提款機。對家中經濟狀況知之甚少的孩子，則會對父母的辛勞感到習以為常。

我非常喜歡參加以色列學校的家長會，每次都覺得獲益匪淺。跟華人家長會不同的是，以色列老師鼓勵家長多說多問，也會邀請專家到現場為父母解惑。我很多教育理念的轉變都是來自這些會談。以色列的教育學家認為：錦衣玉食的孩子被「超前滿足」、「超量滿足」、「即時滿足」久了，容易形成錯誤認知，覺得深愛自己的父母做這些事情是天經地義的，從而產生生理所當然的唯我獨尊心理，這時家長再定什麼家規，都無濟於事了。

以色列家長有個教養方法很有趣，就是刻意創造「匱乏環境」。不論富裕家庭還是普通家庭，父母都會有意識地「創造」一些艱苦環境，來磨練孩子的意志。透過和以色列朋友交往，我發現，猶太家長苦心孤詣模擬家庭情境，或者送孩子去一些特別的貴族學校吃苦，目的都是為了讓孩子不陷入「超量滿足」、「超前滿足」的甜蜜陷阱，因此，猶太孩子常常人才輩出，成為遍布全世界的菁英，這都是在猶太人的家教傳統中受益的結果。

父母退居二線，讓孩子找尋自己的價值

以色列孩子讀到小學高年級後，父母絕不會盤旋在孩子頭頂，雖然他們總是在關鍵時刻出現。他們多半在暗中守護孩子，但不會越過自己的職責範圍。以色列學校設有家庭輔導老師，職責是定期召集固定區域的父母和教師會面。我兒子學校的家庭輔導老師給我的建議是：參觀（但不要太頻繁）、交流（也不要太頻繁）、別（過於）擔心、期待變化、相信他們。亦即從孩子身邊向後退一步，做孩子的軍師，負責參謀、觀察、提醒，而不是包辦他們的一切。

猶太的富裕階層更高瞻遠矚地明瞭這一點：未來社會的一切競爭都是全球性的。要想

確保下一代猶太孩子在全球占有優勢地位，只從事高度技術性的工作是不夠的，還必須具備CEO管理能力、創造力、想像力、人文關懷等綜合特質。而這些特質的培養需要孩子盡早樹立價值觀、判斷力、人生方向、獨立思考。

猶太父母正是因為愛孩子、為孩子人生大計著想，才選擇退居二線，以此鍛鍊孩子的獨立思考和自我選擇能力，讓他們建立人生方向、尋找自己的價值。

保護式的愛vs.啟發潛能的愛

在以色列耳濡目染猶太人愛子女的方式後，我開始思考：父母對孩子的愛和保護到底要延續到什麼時候呢？特別是比較了以華、輝輝與同齡猶太孩子在生存能力上的差距後，我開始反思，做為母親，在愛孩子的方式上，是不是不要那麼膩、那麼占有、霸道與權威？

我向專門研究兒童教育的猶太朋友請教過這個問題，他的一席話啟發了我：「沙拉，母愛本身並沒有錯，但若超過了分寸，讓你的孩子被過度的愛養懶、養散、養垮了鬥志，那就是母愛的錯了。」

父母從小把孩子照顧得無微不至，可能會造成兩種結果：一是讓孩子產生依賴心理，形成虛假的「安全感」；另一種是勉強孩子違背意願，和孩子之間產生心結，這種矛盾往往到了青春期後便會加劇。

十年的跨國教育經驗，讓我體認到一件事：華人父母愛孩子的畫面像一幅子宮圖，而猶太父母愛孩子的畫面卻像一幅篝火圖。

華人父母總覺得自己要對孩子的人生負起責任，這種感情除了用「子宮」這個畫面來形容，再也找不到更恰當的表達方式了。但是，當孩子長大了，若父母的內心還設立著「虛擬子宮」，就極可能讓孩子產生依賴心理，形成虛假的「子宮安全感」，久而久之就被培養成平庸無能的人。

猶太父母愛孩子的畫面則像一幅篝火圖，在這幅畫面中，父母用篝火點燃孩子的人生和前程，遙遙望見他們就像一輪新的太陽從地平線升起。

健康的親子之愛，應以子宮為出發點，在旅程上點燃篝火，點燃孩子生命深處的生存技能和生命潛能。兒女的生命雖然源於父母，卻絕不是父母可以支配的。對兒女的成長竭盡全力、有所為地施愛才稱得上是真正有價值的高品質之愛，而篝火之愛正是當前許多華人父母欠缺的，因此他們對孩子的溺愛，自然而然就變成了影響孩子成長品質的教養地雷。

猶太教育以「培養孩子的開拓精神，使孩子成為自食其力的人」為出發點，他們把學會獨立生存當作最貴重的禮物送給孩子。

走出溺愛孩子的四大教養地雷區

陷入教養地雷區的父母透過自我犧牲來滿足孩子的需要，
但這些父母錯誤的愛讓孩子的未來毀於一旦，也讓自己的犧牲付諸東流。
教養孩子，光憑對孩子的愛是遠遠不夠的，
還要掌握科學理念以及愛孩子的藝術與學問，才不會適得其反。

有句評價華人父母的話是這樣說的：「他們太愛孩子，卻又太不會愛孩子。」華人父母大多知道溺愛孩子有害，卻分不清什麼是溺愛，更不瞭解自己對孩子有沒有溺愛。如何走出教養地雷區，是新一代父母的教養新課題、新挑戰。

對孩子，你付出的是愛，還是溺愛？

「溺」在字典上解釋為「淹沒」的意思，如果父母的愛流橫溢，也會「淹沒」孩子，就是「溺愛」。溺愛是一種後患無窮的愛，它沒有使孩子輸在起跑點，卻輸在了終點。以下是華人父母容易誤踩的四大教養地雷。

教養地雷 1

只注重才藝教育，卻忽略培養更重要的關鍵素質

症狀：近年流行「才藝教育」，家長熱中於讓孩子學習音樂、美術、武術、舞蹈、書法、外語等才藝，完全忽視了孩子的品格、為人處世、價值的建立、對知識與職業的體認，以及實踐理想的能力，這些才是孩子步入社會時最需要的特質。這種關鍵素質，明星學校、安親班都沒有精力和義務去培養，只有推動搖籃的父母之手，才能給孩子這份價值連城的禮物。

缺點：在孩子小的時候，好成績確實能說明他是個好學生，可是當孩子長大成人，得離開學校進入全球化競爭，問題就來了。未來社會需要的人才要具備理財智商（Financial Quotient，簡稱「FQ」）、管理能力、「逆境智商」（Adversity Quotient，簡稱「AQ」）等多樣生存技能，只會讀書的孩子就很吃虧。像許多名校碩博士畢業生，出了校門還懵懵懂懂，不知怎麼謀生處事，前途尚且堪憂，更別說成家立業了。結果當然就變成養兒「妨」老，顛覆了華人多年來的養兒「防」老觀念。

教養地雷 2

習慣性滿足各種要求

症狀：長輩提供孩子無限的物質滿足和情感滿足。父母等於是孩子的提款機，有求必應；父母認為給得愈多，表示愛得愈深，造成幼兒和青少年消費日益攀升，小小年紀就一身名牌服飾，所費不貲。

缺點：孩子不知道金錢從何而來，不知道工作的價值，好逸惡勞，會嚴重影響孩子未來的生活，甚至影響日後的婚姻生活。**很多父母覺得教育孩子不看重金錢是一種美德，這並沒有錯。不過，這樣的目的是為了減少孩子在金錢上的虛榮和比較，而不是要他們不在乎金錢、坐享其成。**此外，即時滿足、超前滿足、超量滿足更容易讓孩子養成我行我素、情緒不穩定、沒有安全感、抗壓性低、不知感恩的個性。

教養地雷 3

只知愛而不知教

症狀：愛孩子對家長來說，是發自人倫天性。但是，愛孩子不是教養的終點，愛而不教更會耽誤孩子。現實生活中常常可以看見這樣的畫面：爺爺奶奶或爸爸媽媽端著飯碗追著已經不小的孩子餵飯，孩子手裡往往還拿著玩具，吃一口，玩幾下，跑一圈，再吃一口，直到飯涼了，還剩一大碗。家長卻覺得心疼，因為他的寶貝還沒吃飽。

缺點：對孩子的行為缺乏明確規範的家庭，家中的長輩爭相對孩子灌注愛，唯恐孩子不快樂、受委屈。令他們百思不得其解的是，他們用情感和心血培養起來的孩子，有一天突然讓他們覺得如此陌生而放肆。你愈是給孩子無條件的寬容和耐心，他愈會巧妙地利用你的愛心，最後把你吃得死死的。

教養地雷 4

過度撫養、過度關懷、過度熱心

症狀：過度撫養（Over-arranged）的母親過度介入孩子的生活，無法讓孩子展現自己的想法。過度關懷的母親不讓其他人對孩子的生活和教育提出任何意見，她們覺得自己和孩子最親近，最瞭解、關心孩子的人，也是她這個母親，對孩子人生的大小事務都要一手包辦。

缺點：過度撫養是一種無法拿捏好情緒的母愛，不但侵害了孩子的心靈發展，亦是對孩子成長需求的一種忽略。許多研究結果顯示，過度撫養的教養會造成孩子自私、叛

華人父母大多知道溺愛孩子有害，卻分不清什麼是溺愛，如何走出教養地雷區，是新一代父母的教養新課題、新挑戰。

逆，更容易形成依賴性，自主精神和自立能力不佳，也缺乏自動自發的習慣、社交能力差，既缺乏合作精神、又沒有競爭力，甚至在學習和生活中遇到不順心或困難時不知所措，無法自己解決，只能向父母求援或自憐自艾。

以上實例並不是每個家庭都有，但一般家庭或多或少都誤踩了這些教養地雷區，值得警惕。

乍看之下，滿足、關懷、熱心、愛，彷彿都有犧牲奉獻的意味，因為從症狀上看，陷入教養地雷區的父母正是透過自我犧牲來滿足孩子的需要，但這些父母錯誤的愛讓孩子的未來毀於一旦，也讓自己的犧牲付諸東流。

愛孩子一旦被人類賦予了教養的意義，就變得不那麼容易，光憑父母對孩子的愛是遠遠不夠的，還要掌握科學理念以及愛孩子的藝術與學問，若教養觀念和方法不得當，便適得其反。

猶太媽媽給孩子的 3 把金鑰匙

孩子原本已經習慣了我百分之百呵護的母愛，
但我透過觀察、學習、實踐猶太教養法，對我的家庭教育實施了理念改革。
猶太教養讓孩子產生脫胎換骨的改變，
即使是我這樣土生土長的上海母親，仍然可以發揮功效。

在本書中，我將猶太父母愛孩子的理念和方法，歸納總結出三個內涵，也就是「猶太媽媽給孩子的3把金鑰匙」，與天下父母分享。我並非因為自己培育出億萬富翁，就炫耀自己的教育方法。過去我也曾是個找不到方向的母親，也曾遭人批評過我的母愛品質低落，所以更能理解父母的心情。正因如此，我更想跟大家分享我的經驗和努力。

第一把金鑰匙——在有償生活機制中，培養孩子的生存力

「有償生活機制」是猶太生存教育的精華之一，具有極佳的成效，不僅使猶太子孫精明富有，也讓他們無論在世界任何一個角落，都能如魚得水地開展事業。在猶太父母看來，學校裡傳授的各種技能教育，包括音樂、舞蹈、美術、網球等，都是孩子必需的成

長養分；但是，這些教育無法讓孩子學到生活經驗。

對於教養，猶太父母揚棄了很多浮華的東西，把生存教育列在首位，直搗教養的初衷——讓每個孩子長大後生活得更好。

這種做法對於所有孩子都有很好的效果，特別是十幾歲的青少年更加明顯。在有償生活機制的運作下，每個孩子都比父母想像得更能幹，更有時間觀念、金錢觀念、自我管理能力及責任感。猶太家長經常討論如何實施有償生活機制，他們認為孩子若只是成績優異，人生未必能夠成功，也就是說孩子將來不見得能順利實現個人和社會價值。從小懂得勞動的孩子，能夠在不斷體驗生活的基礎上，找到自己一生的方向，日後更容易事業有成。

第二把金鑰匙——延遲滿足，發展孩子的意志力

「延遲滿足」是猶太教養的重要方法之一。

「延遲滿足」讓孩子學會忍耐，讓他知道這個世界不是繞著他打轉，他想要的東西不是唾手可得的。「延遲滿足」增強了孩子被拒絕的心理承受力，培養了對成功至關重要的「逆境智商」。不僅如此，「延遲滿足」還能訓練孩子在延後享受中磨練意志及對人生的期許，從而變得更有彈性，在學習上也會更有耐心。

第三把金鑰匙──後退一步，鍛鍊孩子解決問題的能力

猶太思想家朱特比有句名言：「孩子的事，讓他自己解決，若父母過分呵護，反而會使孩子失去自信。這樣的孩子長大後絕對沒有獨立的人格，更不可能有出色的成就。」一猶太名人馬克思（Karl Marx）也曾說：「人要學會走路，也要學會摔跤，而且只有經過摔跤，他才能學會走路。」

猶太教養法告誡父母：世界上所有的愛都以聚合為目的，只有一種愛是以分離為目的，那就是父母對孩子的愛。真正成功的親子之愛，是讓孩子盡早成為獨立的個體，從自己的生命中分離出去，以獨立的人格面對世界。撤退愈早、放手愈早，孩子愈容易適應未來。**猶太父母認為，如果做父母這份工作可以用績效來評量，一手包辦的一百分父母不見得是成功標準。換個思考，撤退得當、放手不放任的八十分父母可能會取得更好的成果。**他們鼓勵孩子以自己的速度朝著或許平凡卻不平庸的理想人生前行，儘管一開始飛得慢，卻能續航到終點。

對於教養，猶太父母揚棄了很多浮華的東西，把生存教育列在首位，直搗教養的初衷──讓每個孩子長大後生活得更好。

為了孩子，我向猶太人學習，只當八十分媽媽

「母愛」是個古老話題，回顧歷史，「孟母三遷」、「岳母刺字」成為千古美談；母愛也是一個嶄新的話題，因為母愛雖然是母子親情，但我們生活在現實社會，母愛不可能不受社會生活的影響。因此，母愛雖然是一種天性、一種本能，卻又不只是如此。社會變遷，時代進步，影響母愛的「變數」愈來愈多，讓母愛增添了許多新的特徵。

孩子原本已經習慣了我百分之百呵護的母愛，但我透過觀察、學習、實踐猶太教養法，對我的家庭教育實施了理念改革。猶太教養讓孩子產生脫胎換骨的改變，在孩子的性格中發酵，幫助他們在年輕時就取得工作上的成就。這也證明猶太的教養法確實很有價值，即使是我這樣土生土長的上海母親，仍然可以發揮其功效。

有的父母會說：說得容易，做起來難，所以還是想愛就愛吧！但是，請記住：你溺愛孩子一時，可能會害了孩子一世。等孩子遲遲不能自立，生存能力盡失，等你離開他的世界，到時候，你再也幫不了孩子！

在有償生活機制中，培養孩子的生存力

猶太爸媽為什麼刻意在家庭教育中實施有償生活機制？
猶太人只占全世界人口的3%，卻培育出眾多世界級成功人士，
難道跟他們自小實施的有償生活機制有關？
有償生活機制為何與一個人的生存競爭力息息相關？
爸媽又該如何讓家庭教育與生活順利接軌？
該怎麼做，才能讓孩子理解爸媽的一片苦心，願意接受生活的考驗？

本章中，猶太媽媽沙拉將以她的親身經驗，
傳授爸媽如何藉由有償生活機制的實施，
發掘孩子的潛能與熱情，
培養出獨立、會理財、人際關係佳、懂得自我管理、
積極向上的好孩子。

生存力 教養情境 模擬檢測表

你的教養觀是哪一種？是對孩子愛護有加的「慈父慈母」，捨不得孩子做家事的「電鍋媽媽」，還是懂得訓練孩子動手的猶太父母？在進入本章前，請先勾選這份教養情境檢測表。透過這份表格，爸爸媽媽可以更清楚自己對於孩子教養的想法，也能更進一步看看猶太父母如何聰明面對這些讓爸媽頭大的教養問題哦！（各題後頁碼標示，如 P.015 為本書相關主題的參閱頁碼）

1 有關孩子的零用錢，你的處理方法是？ P.058

□為避免孩子亂花錢，我不給孩子零用錢，有需要再跟爸媽要。

□教導孩子不可隨便花錢，應該將零用錢全部存下來。

□讓孩子自由規劃零用錢的使用，孩子若不慎花完，絕不多給。

2 家中的經濟狀況，你認為是否該讓孩子知道？ P.060

□不應該讓孩子擔心生活，家中的經濟狀況不用讓他們知道。

□直接告訴孩子家中經濟不好，他就不會有任何多餘的要求。

□讓孩子看家中帳簿，可以讓他瞭解家中收支狀況與金錢流動。

3 你覺得孩子是否應該負擔家務、做家事呢？ P.067

□孩子的本分就是好好讀書，家務由大人來處理即可。

□應該讓孩子從小就做他們力所能及的家務。

□孩子動作慢、又不懂訣竅，有可能越幫越忙，我自己來就好。

4 廚房裡的工作，你贊成讓孩子插手嗎？ P.071

□現今社會外食非常方便，沒必要一定要在家開伙。

□在父母的指導下，可以讓孩子按照指示，拿起菜刀學習烹調。

□廚房裡有刀有火，太危險了！不應讓孩子進廚房。

5 你贊成孩子在學期間從事打工或幫忙家中生意嗎？ P.080

□太早讓孩子賺錢，我擔心他會成為眼中只有錢的守財奴。

□若孩子有興趣，讓他及早接觸經濟行為沒什麼不好。

□打工等賺錢行為會影響到孩子的學業，應該禁止才是。

6 孩子在外人面前容易緊張，不太愛說話，你的反應是？ P.092

□倘若孩子天生就害羞靦腆，做家長的應該尊重他的個性，不用勉強他一定要跟外人打交道。

□孩子還小，面對外人會害羞是正常的，等到他長大之後自然就會大方一點了。

□孩子的社交能力，應該及早培養。若孩子面對外人容易緊張，爸媽可以先在家與孩子演練應對的訣竅。

7 孩子個性較被動，無論是課堂或在外面，即使有疑問也不敢發問，你的想法是？P.095

□我自己也是不太敢發問的人，所以也不會勉強孩子。
□即使是天生被動的性格，也可以經由後天的訓練改變，我會鼓勵孩子多發問，並教導他向人提問時應注意的禮節。
□孩子自己不主動，等他吃幾次虧學到教訓之後，自然就會改進。

8 遇到不懂的問題時，孩子不太會自己找答案，你會怎麼做？P.104

□告訴他可以透過哪些方法去找尋答案，讓他自己試著去找，若找不到再從旁協助。
□要孩子直接去問學校老師。
□直接告訴孩子答案。

9 當你發現孩子有浪費的傾向時，你的處理方法是？P.108

□責備孩子不應浪費，並扣減他的零用錢。
□教孩子記帳，並定期討論帳目內容。
□好言相勸，告訴孩子世界上還有很多孩子過著貧困的生活。

10 孩子經常功課寫不完，臨睡前才哭著要你幫忙，你會怎麼做？P.111

□為了不耽誤孩子的睡眠，只好幫他寫。
□斥責孩子只顧著貪玩，要他寫完功課才能睡覺。
□跟孩子討論為什麼功課寫不完？是老師出的分量過多、難度太高？還是孩子的時間管理不佳，花太多時間在玩樂上？若是後者，跟孩子討論如何安排下課後回家的時間運用。

11 關於孩子的外語學習，你的想法是？P.120

□孩子學習母語已經夠辛苦了，等他長大一點再學吧。
□學外語要看天賦，若孩子沒有興趣，勉強他學也是無益。
□應及早培養孩子對外語的興趣，可以引導孩子接觸外國文化，激發他們學習語言的興趣。

12 在家庭教育導入有償生活機制，你的想法？P.088

□讓孩子太早接觸柴米油鹽醬醋茶等實際生活，我擔心他無法專心學習，恐會影響他的學業。
□過早讓孩子接觸這些生活實際面，我害怕他會成為一個唯利是圖、斤斤計較的人。
□只要父母引導的方式正確，孩子不但可以培養獨立心、責任感，還能激發他對生活的積極態度與熱情。

學會獨立，是生存力教育的終極目標

以色列家長把學會獨立做為最好的禮物送給孩子，不勞無獲的「有償生活機制」在猶太家庭教育中由來已久。猶太人數量少，為什麼能人才輩出呢？這一直是人們想知道的，而有償生活機制就是祕訣之一。

在這個競爭激烈的年代，年輕父母可能更容易感受到一股無形的壓力。教養的重擔，讓父母的精神、心理都超量運作，不管是否承受得了，都只能承擔。當孩子還小，父母擔心孩子的發育與健康，擔心出意外，等孩子大了又要關注孩子的學業。除去睡眠時間，工作的八小時，父母要跟上時代的腳步，還得不斷學習新知，掌握新技術以提升自我能力；此外的八小時，父母則把自己的一切都給了孩子，勒緊荷包買進口奶粉，省吃儉用繳納貴族幼稚園的學費，掃地洗衣都不讓孩子做，對孩子的物質要求沒有抵抗力。孩子有一點風吹草動，馬上勞師動眾，像極了「直升機」在孩子頭頂盤旋，不讓孩子受一點委屈，這就是名副其實的「孝子孝女」。

他們的初衷是愛孩子，實際上卻剝奪了孩子獲取生活知識、生存技能的權利和機會，結果反倒害了孩子。

孩子會做事、生活能力愈好，未來愈有競爭力

父母無怨無悔地為子女傾盡畢生之力，直到子女成年，都無法從這種無條件奉獻的慣性中解脫；為孩子操勞、犧牲，反而陷入了教養陷阱。本想把美好的小生命培育成參天大樹，最後卻事與願違地養出寄生在父母羽翼下的「啃老族」。

很多父母說，怎麼愛孩子都覺得不夠，以為自己把孩子送進最好的學校，提供最好的教育及營養，搭建最安全的堡壘，就會塑造出菁英和棟樑——這就是近幾代華人父母的錯誤認知。

以色列家長把學會獨立做為最好的禮物送給孩子，絕不讓「啃老族」出現，因為那會讓孩子摔得更慘，愛孩子就該為他深謀遠慮。在猶太孩子中，很少有我們稱之為「高分低能」（只擁有高學歷卻缺乏生存能力）的人。猶太人認為：

好分數＝好學校
好學校＝好文憑
好文憑＝好工作
好工作≠事業成功

這個方程式並不是說猶太人不重視知識，反而說明他們更看重知識的「運用」——智慧和能力。他們將有知識而沒有智慧和能力的人視為「馱書的毛驢」。在猶太人最尊敬的《塔木德》（猶太人的致富寶典）中記載：「沒有比能做事、又能做學問更好的了。沒有勞動的學問結不出果實，反而可能導致罪惡。」

不勞就無獲，讓孩子體會生活的酸甜苦辣

正因如此，**猶太人非常重視孩子的生活能力，從小就灌輸孩子「不勞無獲」的觀念。**初到以色列時，我以為這只發生在經濟條件不好的家庭，後來我認識了一個很富有的家庭才發現，富有的猶太父母更重視孩子的生存教育。

那個富裕的家庭有個就讀小學的男孩，雖然家裡有很多名車，但不是用來送孩子上下學的。無論颳風下雨，這個孩子都是自已坐公車回家。如果他想要一雙嚮往已久的球鞋，父母會建議他每天晚上洗一次碗，用勞力換取。他的父母說，這樣才能讓孩子感受生活的酸甜苦辣。

不勞無獲的「有償生活機制」在猶太家庭教育中由來已久。**猶太人數量少，為什麼能人才輩出呢？這一直是人們想知道的，有償生活機制就是祕訣之一。**

世界富豪洛克斐勒（John Davison Rockefeller）從小就幫父親打工，賺零用錢。他清晨便到田裡幹活，有時幫母親擠牛奶。他有一本專用記帳的小本子，按每小時〇．三七美元記入帳本，然後跟父親結算。他記帳記得很認真，同時感到神聖且趣味無窮。更有意思的是，洛克斐勒的第二代、第三代乃至第四代，都嚴格比照辦理。

論富，猶太富人最多，論貴，歐洲貴族最多。可是，這些富貴的家族在教育子女上，最重視點燃孩子的生存技能和素質。

反觀華人父母，把學習成績視為教子成功的終極體現，根本不把孩子的生存能力放在心上，或者認為生存能力要等有了高學歷之後再培養，很多名校碩士、博士畢業生，高分低能找不到合適的工作，不少年輕人三十好幾了，還要靠父母積攢了一輩子的老本買車、供房、結婚。

孩子在社會上扎根難，不能全怪社會競爭環境的激烈，競爭環境只會愈來愈殘酷。我們的社會現在不缺少高學歷、高分數的孩子，但這些孩子之所以在社會上找不到理想的位置，常常就輸在他們的生存能力上。

猶太人非常重視孩子的生活能力，從小就灌輸孩子「不勞無獲」的觀念。尤其是富有家庭，更重視孩子的生存教育。

以下的問題，提供給家長們檢測，看看自己的教養方法中有多少不合理因素。

我從來不讓孩子做家務　是（　）否（　）

看到孩子受委屈我就受不了　是（　）否（　）

我對孩子從來都是百依百順　是（　）否（　）

我從來不責怪孩子　是（　）否（　）

孩子小的時候常用哭鬧逼我買東西給他，我也無可奈何　是（　）否（　）

我不會讓孩子去參加野外訓練之類的活動　是（　）否（　）

我反對磨難教育*　是（　）否（　）

我的孩子只要成績好就行了　是（　）否（　）

我的孩子是最棒的，孩子跟我都知道這一點　是（　）否（　）

孩子遇到困難，做家長的一定要幫他／她解決　是（　）否（　）

選擇「是」愈多，便表示你的教養方法中不合理的因素愈多，你的孩子將來變成「啃老族」的危險也就愈大。及早改變你的教養方法，對你的家庭和孩子都是一件好事。

*編註：磨難教育，是讓孩子從小學會吃苦，提高孩子的毅力、耐力和承受能力，即生存能力和生存質量。

避免孩子成為「啃老族」的九個小提醒

☑讓孩子做一點能力所及的家務。
☑適當讓孩子受點委屈沒什麼不好。
☑對孩子的要求應該一分為二，合理的採納，不合理的要修改，甚至拒絕。
☑孩子都會有犯錯的時候，放棄責怪孩子，就是放棄教育的機會。
☑從孩子第一次用哭鬧的行為做為要脅時，就不能遷就他，否則他會變本加厲。
☑磨難教育是一種值得認同的教育理念。
☑只是成績好的孩子，將來未必成就高。
☑孩子是最棒的，這一點你要深埋心裡，不要讓孩子產生不可一世的想法。
☑孩子遇到困難時，家長不妨讓他自己解決。

從小學理財，養成正確價值觀

身為傳統的中國母親，我曾經覺得從小就應該讓孩子少碰錢，的確，教育孩子不看重錢是一種美德，但是，培養理財智商和這種美德之間並不矛盾。最懂得經營錢的猶太人反而最反對做守財奴。

鄰居太太常來跟我聊天，告訴我正規的猶太家庭該如何運作，應該如何愛孩子——猶太人認為有償生活機制能夠鍛鍊孩子的生存能力，尤其是理財智商（ＦＱ，指一個人在財務方面的智力，是理財的智慧。它包括兩方面的能力：一是正確認識金錢及金錢規律的能力；二是正確應用金錢及金錢規律的能力），他們從不認為賺錢是要到達一定年齡才能開始的活動。從小懂得工作的價值、學會投資和理財，目的不在於單純地灌輸知識和鍛鍊生存能力，而是要幫助孩子養成人生所需的智慧和正確的價值觀。

比起儲蓄，合理消費更能讓孩子學會理財

——和孩子討論划算或滿意、合理與必要，學會理智、科學地運用金錢

猶太人對子女的理財教育有一套獨特的方法，**從孩子三、四歲開始就為他們上理財課，這也是猶太民族的習慣。**

猶太孩子剛剛有「數」的概念並初步懂得加減法，就開始學習理財，一直延續至整個少年時代。猶太父母會教孩子金錢與購買之間的關係，也讓孩子從小就擁有私房錢，和華人父母不同，他們並不主張孩子把帳面上所有的錢都存起來，反而是鼓勵他們合理消費，例如買喜歡的零食、玩具或衣服。在消費之後，家長會跟孩子聊聊購物的「感受」，比如是否划算、滿意，再幫助他們分析這次的消費是否合理、必要，從中可以獲取什麼經驗或教訓等。他們認為，**與其讓孩子每次都向家長苦苦「乞討」，還不如定期給孩子零用錢，並做出某些消費限制的規定。**《百萬小富翁的7堂理財課：餐桌上的經濟學》（遠足文化出版）一書中，提到洛克斐勒對孫子約翰零用錢的處理方式，和猶太父母的理財教育觀念相似：

❶ 約翰的零用錢起始標準為每週一美元五十美分；

❷ 每週末核對帳目，如果當週約翰的財務紀錄讓父母滿意，下一週的零用錢增加十美分；

❸ 至少要將兩成的零用錢用於儲蓄；

❹ 每項支出都必須清楚、準確地記錄；

❺未經爸爸、媽媽同意，約翰不可以購買較貴的商品。

等孩子小學高年級時，猶太父母還會為孩子開戶，匯入一筆錢，數目可能是父母一個月的薪水。猶太父母如此熱中於為孩子開戶，不是因為他們錢多得沒地方放，也不是溺愛孩子因此很大方，而是因為他們有更宏大的教育目標：**培養孩子的理財智商，讓孩子從小學會理智、科學地運用金錢，而不是機械而盲目地「存錢」。一旦孩子因使用金錢不當而犯錯時，家長不會輕易幫助他們度過難關。**他們會向孩子解釋，如果將來想擁有更有價值的東西，現在就得放棄一些價值不高的東西。只有這樣，孩子才能瞭解過度消費所帶來的嚴重後果，從而學會對自己的消費行為負責。

很多父母擔心孩子亂花錢，會「剝奪」孩子掌控錢的機會。比如要買什麼東西，統統向父母伸手要；孩子一拿到壓歲錢，家長也會說「我來幫你保管」，全數收回。猶太父母認為這樣做的弊端是，孩子們會因此養成要花錢就伸手、一有錢就趕快花光的習慣，而缺乏消費的規劃。

更高明的是，為了幫助孩子為未來生活做好準備，猶太家庭還讓青少年模擬父母管帳。**孩子十二歲前後，家長會翻開帳本告訴他，家裡的錢是怎麼花的，幫助孩子瞭解該如何掌管家庭的「財政」。**

猶太父母這樣做

告訴孩子，有創意的理財才能創造價值
——鼓勵孩子做生意賺取零用錢，實際體驗「努力才能獲得成功」

除了從小教孩子科學地用錢之外，**從孩子八、九歲開始，猶太父母就鼓勵孩子透過勞力賺取零用錢**。有一天，我兒子帶回一張薩克斯風演奏會門票，門票價格只有兩謝克爾（Shekel，以色列貨幣，一謝克爾等於十新台幣），原來是兒子的同學舉辦的。聽兒子說，這個孩子家裡算是當地殷實的中產階級，他開這場演奏會，除了分享對音樂的喜愛，也可以存錢。他爸爸幫他開立帳戶，帳戶裡有他為家人洗車、掃廁所、在家門口擺地攤、在麵包店幫忙促銷等用汗水換回的報酬。難道他爸爸是個守財奴？難道他爸爸不愛孩子？

在學校的家長會上，我見到他父親並向他請益，對方說：「在我看來，這個帳戶可以讓孩子從小明白一個原則：不能不勞而獲。天下沒有白吃的午餐，你必須對社會做出貢獻而獲得報償，透過努力獲得成功。另外，也讓我的孩子看到他憑勞力賺到的錢如何升值。如果他願意拿錢做些小型投資，比如，買一些商品再批發出去，我很樂意提供一些生意經，指導他做生意。」

別覺得不可思議，孩子的理財智商就來自父母的理財啟蒙教育。猶太父母把培養孩子的理財智商視為一種生存能力，隨時隨地加以培養，尤其是「財富創意」。

有關猶太人的財富創意，最為人津津樂道的就是麥考爾（MacCall）公司董事長的故

事，他所說的這則故事，正是猶太人靈活的財富思維的最佳體現。

小時候，父親曾問我：「一磅銅的價格是多少？」

我回答：「三十五美分。」

父親說：「對，整個德克薩斯州都知道每磅銅的價格是三十五美分，但是做為猶太人的兒子，你應該說三十五美元。只要把一磅銅做成門把，它就能擁有這樣的價值。」

二十年後，父親去世了，我獨自經營銅器店。一九七四年，美國政府為了清理自由女神像翻新所丟棄的廢料，向社會招標，但沒人去標。

看到自由女神像下堆積如山的銅塊、螺絲和木料，我未提任何條件，立即簽字。很多人取笑我購買了一堆垃圾的愚蠢舉動。可是，當我把廢銅融化、鑄成小自由女神像，把水泥塊和木頭加工成底座，把廢鉛、廢鋁做成紐約廣場鑰匙，再把從自由女神像身上掃下的灰包裝起來，出售給花店，讓這堆廢料變成了三百五十萬美元現金，讓每磅銅的價格整整翻了一萬倍後，當初笑我的人都變得十分驚訝。

紐約州的垃圾讓我揚名立萬，這都要感謝我父親從小對我灌輸的理財智商——財富是一種創意。

我不是富豪，理財智商也不高，但耳濡目染以色列家庭的理財教育後，我有種恍然大悟、醍醐灌頂的感覺。以色列《家庭教育》雜誌上，某個調查指出：**愈早培養理財智商，日後的年收入愈高。因為理財智商能力起步早，事業意識萌芽早，投資概念醒悟早，日後正式加入就業大軍，便愈容易先聲奪人。**猶太人在經濟金融界實力首屈一指，包括許多金融巨頭公司老闆、前美國聯邦儲備委員會主席葛林斯潘（Alan Greenspan）、「金融大鱷」索羅斯（George Soros）、全球富豪榜第二的「股神」巴菲特（Warren Edward Buffett）等。不是猶太人天生就比其他民族優秀，而是因為他們從小就開始學理財。

身為傳統的中國母親，我曾經覺得從小就應該讓孩子少碰錢，花錢、賺錢都是工作之後的事。沒錯，**教育孩子不看重錢是一種美德，但是，培養理財智商和這種美德之間並不矛盾。最懂得經營錢的猶太人反而最反對做守財奴。**孩子們剛到以色列時，學校老師就問過他們這樣一個問題：「遭到歹徒襲擊、必須逃命的時候，你會帶著什麼逃走？」對於這個問題，回答「錢」或「寶石」是不對的。因為無論金錢還是寶石，一旦被奪走就完全失去了。正確的答案是「智慧」。

有償生活機制、理財教育顛覆了我以往的教養模式，三個孩子也明顯感受到自己和同齡以色列孩子的差距，躍躍欲試想成為有勇氣、能夠獨立的孩子。

猶太父母把培養孩子的理財智商視為一種生存能力，
隨時隨地加以培養，尤其是「財富創意」。

根據孩子不同的成長階段，循序漸進施行理財教育

猶太人是世界上最富有的民族，對孩子的理財教育，堪稱世界範本。猶太人對於孩子的理財教育自小做起，並有一套循序漸進的方法。以下將孩子的年齡以及心智發展分為四階段，依序說明各階段的理財教育方法與目的，以及父母應該注意的事項。

第一階段：認識錢

- **3歲**：辨認錢幣，認識幣值、紙幣和硬幣。
- **4歲**：知道無法把商品全部買下，因此必須做出選擇。
- **5歲**：明白金錢是勞動的報酬，並正確進行交易活動。

孩子還在牙牙學語時，父母就會教他們辨認硬幣和紙鈔，讓他們體會「金錢可以購買他們想要的任何東西」，更重要的是告訴孩子「錢是怎麼賺來的」。等孩子有了對金錢的初步概念和興趣後，猶太父母便會加深「錢能換物」的理財觀念。

第二階段：合理地花錢

- **6歲**：能夠數算較大筆的金錢，開始學存錢，培養理財意識。
- **7歲**：能觀看商品價格標籤，並和自己的錢比較，確認自己有無購買能力。

猶太家長會讓孩子學習規劃自己的消費。如果家長發現自家孩子胡亂購買不需要或不合算的物品，會與孩子商議帳戶必須保留的金額底線，然後一起制定短期的儲蓄和消費目標。要是在這段時期，孩子因受到其他東西誘惑而沒能堅守住，那麼他就必須為自己不合理的消費負責。這樣做的目的是讓孩子從小就培養量入為出的理財觀，在進行消費的同時，也會考慮到自己未來的花費和長期的規劃。

第三階段：有效地賺錢

- **8歲**：懂得在銀行開戶存錢，並想辦法自己賺零用錢。
- **9歲**：會制訂自己的用錢計畫，能和商店討價還價，學會買賣交易。
- **10歲**：懂得平時省一點錢，以供自己有較大開銷時使用，如買溜冰鞋、滑板車等。

所謂「開源節流」，節流重要，開源的意義更大，更確切地說，就是要培養孩子的賺錢意識，讓孩子瞭解賺錢和財富流轉的規則，並體會工作中回報與付出是呈正比的。小時候的這項功課，會為他們的一生帶來巨大的精神和物質財富。

第四階段：理財知識

- **11歲：**學習辨識廣告，並有打折、優惠的觀念。讓孩子看家中的帳簿，向孩子解說家中的經濟狀況。
- **12歲以後：**讓孩子開始記帳，並教導簡單的投資概念。

除了教會孩子合理地花錢、有效地賺錢，家長也可以試著告訴孩子基本的理財常識，帶領他們做一些簡單的投資。現在也有銀行推出針對青少年的「兒童帳戶」，家長不妨帶孩子親自辦理一些基礎的銀行業務，告訴他們為什麼要把錢存在銀行裡，存款利率為什麼會不同，如何填寫存款單和取款單、怎樣匯款等。

家事教育，孩子生存能力的起點

做家事是最基本的生存能力訓練，猶太父母鼓勵孩子多參與家務，他們認為孩子有這個能力，也有責任讓家中保持清潔，讓孩子負擔部分家務，有助於培養他們的家庭觀念和責任感，更可以增強愛的凝聚力。

猶太父母認為，要培養孩子獨立生存的能力，首先要培養孩子的家事能力。這樣，即使將孩子放諸四海，也不用擔心。而華人父母就輸在家務問題上，我們總覺得自己愛孩子，捨不得讓他們的小手碰水，怕占用孩子的學習時間，影響學業成績。殊不知，家事教育是孩子生存能力的起點。

猶太教育學家說過，缺乏家事教育的孩子長大後會有以下幾種行為表現：

- 行動能力弱，眼高手低
- 依賴性強，缺乏自主性
- 不懂得工作成果的不易，不能體諒父母的辛苦
- 沒有同情心

《家庭教育》雜誌的調查指出：愛做家事的孩子與不愛做家事的孩子相比，長大後的失業率為一：十五，犯罪率為一：十，前者比後者的平均收入要高出兩成左右。

實施「值班家長制」，練習安排生活瑣事

——讓孩子在實際管理家務的過程中，學習有效做事的方法、與人協調的方式

我按照一般猶太家庭的規劃，畫了一張值日表，掛在牆壁上。值日表規定誰哪天洗衣服、做飯、打掃房間。經過家庭會議一致決定，我們還設立了「值班家長」，規定三項任務：一是維持家中的整潔，比如拖地、洗碗等；二是安排一日三餐，實際操作可由我來做；三是安排家人一天的活動，可外出遊玩、拜訪親友等。

以華擔任值班家長第一天，早早就起床拖好地，並就近買來麵包當早餐，還宣布晚上吃「炒白菜」和「煲湯」。至於活動，就是晚飯後去附近公園玩。這位值班家長在睡覺前，還鄭重其事寫了篇值班日記，記錄他的值班心得。當值班家長看到大家在盥洗，刻意提醒「水不能放得太多啊，要節約用水」，逗得全家人哈哈大笑。

實行值班家長制後，我發現孩子其實都很能幹，一點也不笨。遇到問題不僅不會手足無措，還會理性地動腦筋，解決難題。

回想在上海時，我還是個對孩子事事照顧周全的保母媽媽。每晚睡前，我會對兒子們說：「趕快上床睡覺，書包我來收拾就好。」「兒子，你脫下來的襪子放哪兒了，拿來媽媽幫你洗。」經過猶太教養理念的洗禮，我就這樣自然而然改變了。

為了幫助我減輕家事負擔，以華和輝輝都是自己洗自己的衣服，有時候上課太累了，實在沒時間，他們也會把衣服浸在水裡，先把肥皂抹在衣領上，搓揉到差不多乾淨了，再放好等我洗。因此等到我洗的時候，覺得衣服都很乾淨，後來才知道他們把最髒、最難洗的部分都事先洗好了。他們泡衣服也有方法，設法幫媽媽減輕負擔：倒好肥皂粉後，就把衣服的前襟泡在下方，讓肥皂粉充分浸透，更便於清洗。

當然，在執行初期並非一帆風順，孩子常會發生爭執。比如輝輝上完體育課回來，打球傷了手，不能洗碗，就跟哥哥說：「哥哥，今天你幫我洗。」

以華說：「好，沒問題，今天我暫時幫你，但你明天要連續洗兩天。」

輝輝就賴皮說：「不行，一寸光陰一寸金。今天你幫我洗了，已經過去了。」

以華說：「你這不是狡辯嗎？」

這時，我這個做媽媽的就得出來主持公道。

家事教育是孩子生存能力的起點。愛做家事的孩子與不愛做家事的孩子相比，長大後前者比後者的平均收入要高出兩成左右。

我說：「輝輝你的手受傷了，今天可以不洗碗。但哥哥洗完的碗，幫忙擦乾沒問題吧？這樣好嗎？」

我又對以華說：「要是你哪天不舒服，也由媽媽或弟弟來幫你。」

我並不會對他們的唇槍舌劍大驚小怪，小孩子就是這樣。

自從三個孩子輪流值日後，他們跟我達成了一個小小的約定。每週日的早晨，我會睡晚一點。孩子們會早起，自己解決早餐。負責值日的人會到冰箱裡拿優酪乳和麵包，再煎個蛋。把早餐擺好後，他們自己先吃，會留一份給我。

有個星期天是我的生日，本來計畫好全家外出吃飯，三個孩子卻一臉神祕地告訴我，今天要為我煮生日大餐，而且要煎牛排。

孩子們繫上我的圍裙，還真有模有樣。他們命令我不准插手，只要在一旁看就好了。於是，我也樂得在一旁看著他們怎麼做。當然，孩子們做家事，父母一定要有心理準備。譬如，讓孩子自己吃飯，一開始會弄得到處都是，我就得多洗衣、擦桌子、拖地板；讓孩子自己洗澡肯定也會搞得「水漫金山」，我就得「大禹治水」……

第一次做這麼複雜的菜，孩子們難免手忙腳亂。煎牛排時，沒有掌握好火候，油還沒熱，牛排就下鍋了。第二塊就順手多了，火候很均勻，看見四塊牛排整齊地擺在盤子裡，濃郁的香氣沁入我的心中。

「媽媽，快嘗嘗，好吃嗎？」孩子們不由分說，夾起一塊塞進我嘴裡，一臉自豪地笑著看我吃。

我豎起大拇指說：「好好吃！」

實行值班家長制也好，做個懶父母也好，都是為了更有智慧地愛孩子。

猶太父母這樣做

不當滿分媽媽，懶一點才能激發孩子的責任感

過去，我是個標準的「滿分」家長，升級了自己的教養方法後，我從一百分媽媽變成了八十分媽媽。這二十分去哪裡了？是被聰明的媽媽藏起來了。**有時候父母「懶一點」，孩子反而成長得更好、更成功。**

在許多父母眼裡，廚房是孩子的「禁區」。當孩子好奇，想進廚房看看，經常被爸爸媽媽拒於門外。有年輕媽媽跟我說：「別說孩子了，我自己都不怎麼進廚房，從小到大都是我媽做飯。女兒出生後，我們一直和爸媽住在一起或者外食。等女兒以後長大了，大概都是吃速食，誰還有空下廚啊？現在社會分工愈來愈細，不一定要會做菜啊。」

跟華人媽媽帶著孩子遠離廚房相比，猶太母親更鼓勵孩子走進廚房，她們認為人要生存，必須先有物質基礎，而吃飯則是基礎中的基礎。**在安全的情況下，讓孩子在廚房裡挑菜、洗菜，可以讓他們感覺到自己是被信賴、依靠的，這對培養孩子的安全感、自信心、獨立性都有幫助。**不僅是猶太媽媽，聽說日本開設了很多「親子料理教室」，一次

約可容納六戶人家一起學習。在父母的指導下，孩子按照指示，拿起菜刀學習烹調。比如，讓孩子學會怎麼打蛋，蛋殼才不會掉進碗裡、不能用肥皂清洗小海貝等。洗米、洗菜、切菜……孩子們穿著小圍裙、戴上小袖套，在家長協助下，親手把胡蘿蔔切絲。

做家事是最基本的生存能力訓練。猶太父母鼓勵孩子多參與家務，比如整理自己的床、倒垃圾、打掃房間、洗衣服、除草等。猶太父母認為孩子有這個能力，也有責任讓家中保持清潔，讓孩子負擔部分家務，有助於培養他們的家庭觀念和責任感，可以增強愛的凝聚力。

我的孩子們在經濟情況不佳的家庭環境下長大，如果說是生活賦與他們勤勞的特質，那麼到了我孫女貝貝這一代，就是家庭教育主動施加給她的了。

「貝貝，看奶奶做什麼，你就跟著做什麼好不好？」

「好！」貝貝一口答應。

在孩子小時候跟他講大道理，孩子是無法理解的，「身教」往往更有效。

我洗碗時，就給貝貝一個塑膠碗，讓她看著我怎麼洗，然後跟著我一起做。慢慢地，貝貝就養成了喜歡做家事的好習慣。她一看見我進廚房，就會跑進來要幫我。

我有時也會讓她端鍋子、拿個板凳，當然如果讓她端鍋子，都是端空鍋練習罷了，不然鍋裡的東西打翻了，會燙傷孩子。

「奶奶，我端，我端！」貝貝賣力擺出端鍋子的架勢。

有時只要看見我在客廳或廚房做事，貝貝就會跑過來遞紙巾給我：「奶奶，貝貝給你擦汗。」

因為懂得做家事的辛苦，貝貝也學會了體諒人。

猶太父母這樣做

3～16歲孩子的家事清單與各階段目標

家長可以把各種類的家事列成清單，隨著孩子年齡增長，也要增加工作，透過建立責任感的策略，幫助孩子懂得為自己的行為負責。三至十六歲的孩子可以做哪些家事，家長可以透過以下表格，看看小朋友是否都做到了？

第一階段：配合秩序敏感期與動作敏感期的訓練

・給3至4歲孩子的家事清單

□刷牙

□協助父母把乾淨衣物放好

□幫忙收拾房間和整理玩具

□把髒衣服拿到洗衣機裡

·給4至5歲孩子的家事清單

□為家裡的植物澆水

□會幫忙疊自己的衣服

□擦桌子

□幫忙拿報紙

這個年齡階段的孩子正好處於秩序敏感期以及動作敏感期，讓孩子做些力所能及的家事，不但可以滿足他們對秩序的渴望，也有助於肌肉與動作的發展和訓練。

第二階段：孩子自理能力的訓練、責任心的培養

·給6至8歲孩子的家事清單

□能夠大致自理個人需要

□打掃自己的房間及拖地

□把垃圾帶到樓下垃圾箱

□會擺放飯桌

□把雜物放到該放的地方

□整理床鋪

・給9至12歲孩子的家事清單

□能夠完全自理個人需要

□擦亮家具

□洗一些衣服

□拖客廳的地板

□幫忙媽媽挑菜、洗菜

這個階段的目標是培養孩子的自理能力，孩子可以完全照顧自己的生活，不須再依賴父母的幫忙。除此之外，孩子在負擔部分家務的過程中，也能體認到自己也是家中成員之一，培養責任感，並體諒爸媽的辛勞。

第三階段：完全管理個人事務並照顧他人

・給13至15歲孩子的家事清單

□為家人準備幾餐飯

□清洗自己全部的衣物
□協助父母完成一些比較繁重的工作
□為自己的錢做好預算
□選擇購買自己的衣服
□熨燙衣服

・給16歲以上孩子的家事清單

□在外面打工賺錢
□在大人的監管下出門旅行
□做好自己未來的教育計畫
□負責個人的全部穿著
□計劃並準備一家人的飯菜

這個階段的孩子，扮演的已經不是從旁協助爸媽的腳色，他們有能力管理家務，甚至可以參與家中的經濟活動。此外，從小開始的家事訓練，讓他們學會了做事的方法，做事不但更有效率，也懂得如何規劃自己的將來。

家庭教育與生活接軌——生存教育也是技能教育

在和以色列朋友的交往中，我逐漸明白猶太人為什麼那麼聰明，為什麼他們僅占世界人口三%的比例，卻掌握了世界的經濟脈搏，他們靠的不是所謂的高智商，而是從小就跟生活接軌的家庭教育。

數千年來，猶太人一直將生存教育做為教養的宗旨，不僅是由於猶太民族特殊的成長經歷，更來自於人生五種主要活動的排序。這五種主要活動排序如下，其中，生存教育便列在首位。

❶維持與個人生存有直接關係的活動。
❷為獲取生活的必需，維持與個人生存有間接關係的活動。
❸以教育後代為目的的活動。
❹維持正常社會和政治關係的活動。
❺滿足愛好和情感的一切活動。

與其培養高智商，不如讓孩子從小就跟生活接軌

——列出家事清單，孩子根據自己的能力與時間選擇，完成後獲得報酬

以色列的教育體制很完備，但猶太家長不會把生存教育的責任推給學校。他們會透過反覆的練習，在家庭中讓孩子得到有償生活機制的教育。父母會為孩子列出家庭雜務和日常事務的工作清單，每件工作都有一定金額的價值，孩子可以根據自己的能力和時間選擇，完成後會獲得相應的報酬。若家中只有一位獨生子女，而孩子不願意承擔能力所及的家務，父母也不會縱容，會想辦法影響孩子，比如邀請鄰居、朋友家的孩子或者他的同學來做，讓其他小朋友賺取這份零用錢。

猶太教養讓我看到事物的另一面，在和以色列朋友的交往中，我逐漸明白猶太人為什麼那麼聰明，為什麼僅占世界人口三%的比例，卻掌握了世界的經濟脈搏，他們靠的不是所謂的高智商，而是從小就跟生活接軌的家庭教育。

對比當代的華人家庭，只要孩子按照父母的意思好好讀書，就能得到家長給予的任何東西，孩子們缺乏切身體會，感受不到讀書學習跟家庭、生活之間到底有什麼關聯。甚至有很多孩子大學畢業後還是懵懵懂懂，不知道怎樣謀生處事、成家立業。

先瞭解孩子的個性，再適度引導孩子的發展

當我感覺孩子已經能夠承擔少量的家事後，我決定入鄉隨俗，在家中實施「有償生活機制」。不過，教養改革說起來容易，做起來難。首先，我就得過自己這個慈母關。我當慣了孩子們的「提款機」，此時此刻，我能轉換想法，讓他們在一定程度上不勞無獲嗎？萬一他們不理解我的用心，把我當成殘忍、冷酷、不可愛的媽媽怎麼辦？有償生活機制會不會影響他們的讀書時間，讓他們成為不愛讀書只愛賺錢的守財奴？

放棄的念頭不時出現，但看到孩子們與同齡以色列孩子之間的差距，我勸自己，要做個有智慧的母親，不能因為自己的小不忍而誤了孩子的長遠發展。如果繼續在原來的軌道上運轉，說不定孩子真的會成為鄰居大嬸說的「啃老族」。

有智慧的母親應該瞭解孩子的個性，善於開發他們的潛能和優勢，幫助他們走上良性發展的軌道。比如說我兩個兒子都是從我的肚子裡生出來的，但就像手指也有長短一樣，他們的個性與優勢都不同。大兒子以華比較內向，但有一點點懶惰，我想用有償生活機制激發他的積極面；小兒子輝輝比較外向，擅長與人溝通，我想用有償生活機制引導他把社交能力放在正軌上。做為母親，我得不動聲色地掌握他們的動向，幫助他們找到適合自己的人生方向和位置。

引導孩子的熱情其實沒有想像中難，關鍵在於做父母的是否在理念和行動上做好準

備。而且，孩子通常比我們想像的更敏感，更富有智慧、觀察力和學習精神。不然，為什麼教育學家會說：沒有不當的孩子，只有不當的教養？我的孩子看到同齡的猶太孩子常常可以自己買東西，他們雖然沒說出口，但心裡也很羨慕。

當我宣布我們家也要實施有償生活機制時，孩子們竟摩拳擦掌、躍躍欲試。不過，後來證明，很多事並沒他們想像中簡單，而他們也在克服這些困難的過程中，真切感受到了什麼是生活，生活的目標是什麼，分數和學歷可以幫助他們實現什麼樣的夢想。當時，我還不太敢放手，讓孩子們在離我視線太遠的地方打工，既然要嘗試有償生活機制，就先從幫我打工賣春捲開始吧。

猶太父母這樣做

讓孩子幫忙打工，鍛鍊生存能力，並發展各自特長

我每天能做一、兩百個春捲，我以每個春捲售價〇．三謝克爾批發給孩子，他們可以自行加價出售，利潤自由分配。如果他們不願意承擔銷售，也可以在家幫我做春捲，但分紅會少一些。比如說，做一個春捲可以分紅一成，而賣一個春捲可以分紅二成。賣春捲比做春捲更能夠鍛鍊孩子們的生存能力，因為前者需要和陌生人打交道，考驗會更多，對我們家生意的貢獻也更大。所以，我按照正規的生意經營法則，為孩子制定了規則。之後，以華和輝輝自己協議好分工。以華比較內向，他覺得賣春捲得拋頭露面，對

他來說很痛苦，就主動要求在家幫我做春捲。

我負責訂家規，但並不干涉孩子的自我選擇。我告訴以華，做春捲要每天早起一小時，而且分紅比例較少，賺到的零用錢會少一點。但是，既然他願意負責，我相信他會做得很好。輝輝比較外向，他對我說：「媽媽，我去賣春捲！賣春捲比做春捲每天多睡一個小時，還多賺一倍呢。」

以華一看弟弟挑戰了更有難度的工作，也有點心動，不過他比較保守，為自己留了條退路，他跟我商量：「媽媽，我能不能一邊做春捲，一邊試著賣春捲？」「當然可以！」**做母親的對於孩子的合理建議，一定要給予大力支持。**

小女兒當時還不滿四歲，一看兩個哥哥都加入了新計畫，也歡天喜地跑過來要參加。「你就每天負責剝春捲皮好了！」以華直接給了妹妹任務。剝春捲皮的工作，就是把黏在一起的春捲皮打開。妹妹本來就喜歡跟在我屁股後面，這個工作讓她非常滿意。之後，孩子們就開始分頭行動了。

以華沒做過春捲，不知道怎麼調麵糊、攤春捲皮。不過，以華會觀察我做春捲的細節，然後自己悶在廚房裡，等到用完三公斤麵粉後，他拿著一盤春捲出來，喜極而泣地跟我說：「媽媽，一共是十個，我可以賺到○．三謝克爾了。」後來，以華事業有成後，回憶起春捲歲月，他感慨地說：「調麵糊可是一門技術，不能太稠，也不能太稀，最高境界是柔軟得像一匹緞子。」

另一方面，小兒子輝輝承攬了春捲銷售的工作，他是否能如願以償地完成任務呢？

剛開始，我跟在輝輝後面，倒不是擔心他的安全，而是擔心萬一銷售受挫，會在他心裡產生陰影。果然不出所料，輝輝提著春捲籃子，害怕卻步了。輝輝平時算是個外向的孩子，活潑愛笑，遇見陌生人也能應付自如。可是，第一次真的去銷售，他望著來來往往的車輛和行人，一直開不了口。

這正是華人孩子和猶太孩子的差別。一對一地跟顧客打交道，對猶太孩子來說是家常便飯。在社區門口，我經常看見很多猶太小孩擺出自己的二手書和二手玩具來賣，他們總是能愉快地與人溝通，表現出富有魅力的說服力。

萬事起頭難。輝輝拎著春捲籃子，有點想打退堂鼓，回頭求助地看著站在街角為他打氣的我。我走過去，用眼神鼓勵輝輝，就像在告訴他：沒關係，這只是開始。

輝輝的眼前是一家兒童用品商店，他鼓足勇氣走進去。店主一直很忙，輝輝很有禮貌，耐心地等在一旁，等店主忙完再上前推銷春捲。但是，這家店主對春捲沒什麼興趣，輕輕擺擺手表示不需要。雖然他拒絕得很委婉，但這種事在大人看來都有點尷尬，更何況是孩子。

可是，輝輝沒有氣餒，我在家已經給他打好預防針：賣春捲不是件容易的事，有時連媽媽都搞不定，所以盡力就好。而且，我還傳授了他一些常見的溝通法則。

輝輝後來跟我說，這些準備工作非常派得上用場。店主拒絕他之後，起先他很失望，覺得出師不利，但他馬上就想到媽媽跟他說過的話。他很有禮貌地對店主說：「您現在不買沒有關係，看您什麼時候有需要或者週末有聚會的話，我可以幫您送，您也可以訂，我們家不只是有賣春捲，還提供很多中國小吃呢。」

輝輝繼續往前走，他進的第二家是雜貨店。雜貨店裡販賣各種零嘴、飲品、醃製類零食及少量文具。店主看見拎著籃子走進來的輝輝問道：「中國孩子，你想買點什麼？」當時，住在以色列謝莫納鎮（靠近以色列與黎巴嫩邊境，是以色列最北的城市）的中國人只有我們一家，大家對我們都比較好奇。

輝輝按照之前和我在家演練的，非常有禮貌地對店主說：「您好！您想品嘗看看好吃的中國春捲嗎？這是我媽媽做的中國春捲，非常好吃，您一定會喜歡的。」雜貨店店主是個四十多歲的猶太女人，很和氣善良，她誇獎輝輝很能幹，還買了兩個春捲。

這是輝輝長到十三歲做成的第一筆生意，他曾經站在店門外猶豫、舌頭打結。過了這一關，他整個人都煥然一新了。

猶太人僅占世界人口三％的比例，卻掌握了世界的經濟脈搏，靠的不是高智商，而是從小就跟生活接軌的家庭教育。

激發孩子的富翁潛能與優勢——體會工作的成就感

我遇過許多家長，提到子女時總無奈地說，孩子沒有生存能力，缺乏社會競爭力，不懂得理財，其實，每個孩子都有當富翁的潛力，也都有如魚得水遨遊這個世界的潛能，關鍵就在於父母的家庭教育能不能把這些潛力挖掘出來。

有償生活機制讓我家兩個孩子發生了脫胎換骨的改變。在不耽誤學習的前提下，孩子們每天早晨六點半離家，沿著上學的路，一邊走一邊賣春捲。有時賣得順利，很快就賣光了，他們就跑回家再拿一些；有時上課時間到了，春捲還沒有賣完，他們就蓋上蓋子，準備放學再拿回家。有時下午放學早，他們也會去餐館賣春捲。我另外還有一項要求：賣春捲時不要忘記學習，平常身上要帶一小本子，把老師教過的、沒有學懂的希伯來語，多問問那些年紀大一些的長者，然後記下來。

雖然孩子們賣的春捲只是一、兩塊錢的東西，我卻發現，兩個性格迥異的孩子，在賣春捲的過程中都產生了極大的變化。

猶太父母這樣做

內向的孩子，鼓勵他多和他人交流，從旁人的優點中學習

——以華在聊天的過程中獲得靈感，將春捲變成文創商品的附加贈品

以華本來很內向，不太擅長放低身段跟人打交道，讓他去一對一地銷售春捲，根本是為難他，他也不會感到快樂。雖然有幾次他也把春捲拿到學校去賣，但總是偷偷摸摸很低調，找不到成就感。這其實悖離了有償生活機制的初衷，因為，**有償生活機制的目的不是催促孩子賺錢，而是讓他們懂得工作的價值，激發生存的積極性，樹立生活的理想，培養責任感。**

我鼓勵以華多跟猶太同學交流，哪怕跟他們聊聊上海的生活也好，因為猶太孩子的行銷意識真是太靈活了。今日的大學生往往抱怨社會沒提供更多的工作機會和更好的職位，但職業素養訓練和投資理財觀念不是一朝一夕鍛鍊出來的。很多事情的成功來自於多年正面能量的累積，**猶太人之所以能掌控全世界這麼多財富，跟他們從小進行的行銷訓練密不可分。**

機會果然在生活細節中，就在以華和同學聊上海生活的過程中，以華發現，猶太同學對中華文化非常感興趣。有一天，他參加同學山姆的個人演唱會回來，忽然興奮地跟我說：「媽媽，我能不能模仿山姆開一個『走進中國』的講座？我比他還優惠，買講座門

票的同學，可以免費品嘗我們家的春捲！」

以華這個一舉兩得的行銷主意，讓我又驚訝又感動。馬上，我們家緊急集合，全力以赴幫助以華開好推廣中國春捲的文化講座。

「走進中國」講座在學校取得了極大的成功，猶太同學也對以華刮目相看，這就是工作的尊嚴和價值。當天晚上，花十個阿高洛（Agorot，以色列最小的幣值，一謝克爾等於一百阿高洛）買票來聽講座的人，都可以免費品嘗我們家道地的中國春捲。考慮到春捲的成本，以華求助於輝輝，把每個春捲都分割成十份，整整齊齊地擺放在點心盤裡。這場講座，以華一共接待了兩百名觀眾，收到了兩千個阿高洛的入場費。除了繳交學校五百個阿高洛做為場地租借費，以華還剩一千五百個阿高洛。這些錢該怎麼分配呢？以華處理得井然有序，他拿出三百個阿高洛做為工資，支付給協助他切春捲並負責講座接待的輝輝；剩下的一千兩百個阿高洛，他留下六百個，其餘的買了可愛的小點心給全家人吃。

猶太父母這樣做

外向的孩子，尊重他的建議，讓他體驗創意變財富的喜悅

──輝輝培養出市場嗅覺，改良春捲開發大商機

輝輝的改變也讓我刮目相看。比起哥哥以華，他更擅長動腦筋去分析別人的需求。謝莫納鎮地處以色列北方，居民的口味比較重，輝輝就會提醒我說：「媽媽，我感覺那邊

餐館吃飯的人，可能會需要辣味春捲，你可不可以做二十個辣味的。如果口味花樣多，我想會賣得更多一點。」

做了這麼多年的春捲，我從來沒想過在口味上根據市場需求做區隔與改良。我非常尊重輝輝的建議。我把道地的上海春捲進行了以色列版的改良，分為辣味春捲、咖哩春捲、巧克力春捲、乳酪春捲等好幾款。果然，這種改進明顯提高了春捲的銷量，而這些基於市場需求的思考和分析，也是輝輝的商業頭腦嶄露頭角的開端。

同時，輝輝也慢慢領會了猶太人理財智商的精髓。**猶太人的共同特點是從事那些不用投入本錢的行業，從事其他人不做的、毋須花錢和投資的工作。**

輝輝從小就有個夢想，想成為作家。他的文筆非常好，小學時，他的作文經常成為範文。來到以色列後，他的作家夢沒有因為文化隔閡而終止，因為以色列的閱讀氛圍在全世界可說是名列前茅。以色列人愛讀書、愛寫書的氛圍究竟到什麼程度呢？

以色列假日時，所有的飯店、商店和娛樂場所都停止營業，大家都在家中做祈禱，甚至連拜訪親友都不行。但有一點是允許的，那就是讀書和買書。倘若你從家裡的陽台上俯瞰大街，你會發現海灘上空蕩蕩的，大街上杳無人跡，商店前也門可羅雀。只有書店還在營業，而且還擠滿了人。不僅是書店，以色列出版社和圖書館的數量也居全球之冠。這個只有五百萬人口的國家，竟有九百多種刊物，而且定價還很昂貴。**即使是最節儉的猶太家庭，也會訂閱數種期刊或報紙。購買書籍、報刊是猶太家庭絕不吝嗇的重要**

支出。

我在以色列也入鄉隨俗訂閱了很多報紙，省吃省穿，就是不省文化和教育。而這些報紙果然也發揮了功效，小小滿足了輝輝的作家夢。輝輝非常有心，瞞著大家悄悄動筆寫文章，介紹上海的風土人情和童年生活，寫好後，他就投稿給適合的報刊。他的文筆真誠質樸，大受專欄編輯的青睞，跟他約稿開了一個專欄，每週交稿兩篇，每篇一千字，每月有八千阿高洛的稿酬。

有償生活機制讓孩子更體貼、有責任感，體會工作的成就與滿足

「別將應付的報酬留到第二天早上」，這是有償生活機制的基本法則之一。

我每天都把以華和輝輝應得的那份分給他們。手裡有了媽媽支付的零用錢後，孩子們並沒有隨便亂花。以華和輝輝搶著為家人買點心和小禮物。電費、水費、電話費帳單，一寄來就不見了。有時好幾個月我也沒看見電話費帳單，還打電話問電信局怎麼沒有郵寄帳單來，這才知道費用早已經付清了。

經過幾年的鍾鍊，以華和輝輝不再是初到以色列時那兩個茶來伸手、飯來張口的男孩了。他們說，每當在繳納水電費或購買日常用品時，一想到自己能為母親分擔、為家庭付出，不再像鄰居大嬸說的那樣無能，心裡就產生了極大的成就感和滿足。

女兒妹妹剛到以色列時年紀還小，她的工作就是在家裡幫著我和哥哥做點力所能及的家事，比如剝春捲皮、數春捲、掃地等。後來等她稍微大了，她就學會煮紅茶和烤麵包片，每天晚上都會精心煮一壺紅茶，配上她自製的不同口味麵包片，一家人圍坐著邊吃邊聊天。女兒的點心有點中西合璧的味道，兩個哥哥都很喜歡，如果付給她茶水點心費，妹妹會很高興地存進撲滿，到了哥哥生日的時候，再拿出來買小禮物送給哥哥。

我遇過許多家長，提到子女時總無奈地說，孩子沒有生存能力，缺乏社會競爭力，不懂得理財，造成這個問題的不是子女，而是父母。從小不讓孩子負擔家事，把孩子的鬥志都養懶了；從小就不教孩子理財，孩子到了三十歲才明白什麼是投資，就只能坐末班車疲於奔命；從小就告訴孩子只有分數最重要，結果孩子的生存技能統統退化。

其實，每個孩子都有成為富翁的潛力，也都有如魚得水遨遊這個世界的潛能，關鍵就在於父母的家庭教育能不能把這些潛力挖掘出來。

有償生活機制的目的不是催促孩子賺錢，而是讓他們懂得工作的價值，激發生存的積極性，樹立生活的理想，培養責任感。

埋頭苦幹不會成功，社交能力才是關鍵

猶太父母把培養孩子的社交能力視為生存的重要指標，不僅因為社交能力關乎一個人理想的實現，更關乎孩子個性的發展和幸福程度。他們鼓勵孩子走出家門，學會跟人打交道，走向更精采的世界。

猶太人的生存教育、有償生活機制是培養孩子勞有所獲的勤勉習慣。但是，猶太父母同時會這樣教誨孩子：「只知道埋頭苦幹，顯然是不夠的。」

猶太父母特別重視培養孩子的溝通及人際能力，他們認為，人際關係也是一種生產力，和知識一樣，都能轉化成實際的效益，可以改變人的命運。人際關係經常奇蹟般地發揮槓桿效應，而獲致超越個人能力數倍的成就。

培養社交能力也是生存教育的一環

以色列兒童教育家十分重視培養孩子的社交能力，專家指出，衡量孩子人際能力的標準如下：

❶不懼怕陌生環境，能很快就適應新環境。
❷必要時，能夠克制自己的感情。
❸有獨立能力，不喜歡依賴別人。
❹能與夥伴相處和諧，在各項活動和遊戲中成功合作。
❺善於幫助他人，並懂得謙讓。
❻能理解成人的想法，按照成人的意願去做事，並提出自己的觀點與建議。
❼有組織能力，在遊戲和學習中能夠扮演領導者的角色，並受同伴們歡迎。
❽在公開場合中，能夠聰明、機智、不卑不亢地表達自己的想法和建議。
❾熱情開朗，與人交往中充滿尊重和信任。

猶太父母把培養孩子的社交能力視為生存的重要指標，不僅因為社交能力關乎一個人理想的實現，更關乎孩子個性的發展和幸福程度。

人際關係會影響一個人的生活品質，一個人如果擁有融洽和諧的人際，他的個性也會得到健康的發展；如果一個人生活在緊張的人際關係，他的幸福感會下降許多，伴隨而來的將是孤獨、寂寞、自卑和疑慮。

社交能力從小開始培養，不讓孩子「宅」在家

——鼓勵孩子走出家門，與人打交道，並建議學校設立表達能力培養課程

在猶太家長的呼籲和建議下，學校從小學二年級開始就設立演講課，培養孩子的表達能力，讓他們長大後習慣勇敢地表達自己。女兒讀高中時，學校邀請了一家跨國公司的總裁來演講，他的話讓女兒記憶猶新：「從我的經驗來看，到什麼大學去念書並不重要，關鍵是你的實戰能力和溝通能力。即使你畢業自哈佛，卻連基本的溝通能力都沒有，畢業以後怎麼會成功呢？」

華人父母往往把精力都放在分數上，因而忽視培養孩子的社交實戰能力。兒童心理學家馬．勞迪斯．卡蘭丹（Ma. Lourdes A. Carandang）認為：「社交能力低落的孩子比沒有進過大學的孩子有更大的缺陷。」我看到很多孩子非常聰明、有才氣，成績很好，但他們往往恃才傲物、自私自利，人際關係很差，不受人信賴、認可，也沒有朋友。不懂得為人處事之道的人，即使其他方面再優秀，也是可悲和孤獨的，不會有大的成就。

生活是複雜的，如果我們給孩子的教育、提供的生活環境過於單調，孩子就沒有機會發展各方面的能力。家長應該反省自己的教養觀，要按照社會的需要來培養孩子的適應性，不能自己一廂情願培養孩子的單純性。

至於孩子的社交教育應該何時開始進行？**猶太人認為培養孩子的社交能力，一定要及早進行。**若父母的想法只停留在「孩子太小，不必對他有這方面的要求」，這就是父母的大意或失職。孩子一旦養成家裡蹲的「宅」性格，要改變就積重難返了。父母應盡早設計良好而有效的計畫，培養孩子的社交能力。

猶太父母常跟孩子說「狐狸媽媽」的故事：母狐狸為了讓小狐狸懂得叢林法則，會故意「拋棄」小狐狸跑得無影無蹤。而離開母親的小狐狸必須學會如何堅強地生存下去。以色列孩子的社交能力高過一般的華人孩子，父母絕對不會「圈養」他們，更不會代他們出頭，在孩子意識到自己應該離開父母之前，他們就先一步離開孩子，鼓勵孩子走出家門，學會跟人打交道，走向更精采的世界。

猶太父母這樣做

營造良好家庭氛圍，言傳身教示範各種社交技能

培養孩子的社交能力，不是把孩子推給社會就好了；不干涉孩子之間的衝突，也並不意味著父母只要袖手旁觀即可。孩子的社交活動從降生的第一天就開始了，他們的第一

猶太父母特別重視培養孩子的溝通及人際能力，他們認為，人際關係也是一種生產力，和知識一樣，可以改變人的命運。

個社交對象，就是父母。他與別人的交往模式，都先在父母這裡得到練習。孩子一出生，首先面對的關係就是和父母的關係。所以，**家庭氛圍是孩子日後人際關係的寫照。只有孩子和父母的關係好，和其他人的關係才會好。**父母要在家庭中努力營造一個充滿信賴、坦誠、互相尊重的氛圍。一個連父母都不信賴的孩子，怎麼可能信賴別人，又怎能被別人信賴呢？

所以，**父母怎麼跟孩子打交道，孩子就怎樣跟別人打交道；父母怎麼處理與孩子之間的衝突，孩子就怎樣處理他與別人之間的衝突。**從這個角度看，父母是孩子社交能力的訓練師，也是他們社交的範本。

在孩子的成長過程中，父母的言傳身教和家庭氛圍比學校教育更加重要。孩子的社交技能，如分享、輪流、協商、合作等，需要家長在潛移默化中傳授給孩子。培養孩子社交能力的一個重要因素，是要易地而處，為他人著想。你跟人打交道，就要給人方便，要體諒對方的苦衷，為他人的利益著想，人家才會為你著想。「做人留一線，哪怕自己有十分道理，也要留三分餘地給人家。」是我父親從小教我的道理，他說猶太人沒有自己的國家，在別人的土地上生活，做任何事都要為別人留三分餘地，更要留心說話，別讓無心的一句話傷害到他人。他曾說過一則故事，讓我至今記憶猶新：

一頭熊與同伴搏鬥受了重傷，來到守林人的小木屋外乞求援助。

守林人好心收留牠，不但耐心地為熊擦去血跡、包紮傷口，還準備了豐盛的晚餐供牠享用，令熊感動無比。臨睡時，由於只有一張床，守林人便邀請熊與他共眠。就在熊進入被窩時，牠身上的氣味鑽進了守林人的鼻孔。

「天哪！我從沒聞過這麼難聞的味道，你真的好臭！」

熊沒說任何話，勉強挨到天亮向守林人致謝後便離開了。

多年後偶然相遇，守林人問熊：「你那次傷得好重，現在傷口好了嗎？」

熊回答：「皮肉上的傷痛我已經忘記，心靈上的傷口卻永遠難以痊癒！」

在我的成長過程中，父親總是把人格教育放在首位，他曾經在送給我的筆記本上寫下「博愛、感恩、誠信、忍耐、樂觀」這幾個詞，最後才寫著「知識」，由此可見，父親認為做人處事之道，遠比知識更為重要。

猶太父母這樣做

鼓勵孩子開口提問，跨出社交學習的第一步

——不管孩子說得好不好都給予肯定，並教導正確的禮貌用語，增加他開口的自信

在培養孩子的社交能力方面，猶太父母有兩個基本原則。他們從小教育孩子：一是要用自己說話的兩倍時間傾聽對方的話；二是要多提問，求得知識是人際關係的開始。

剛到以色列時，我的孩子因為依賴性強，也由於語言不通，很怕和陌生人打交道，整天都窩在家裡。因此我就帶孩子們出去散步，在路上，總要請他們問警員、路人、攤販：「現在幾點了？」剛開始，一聽到我的吩咐，孩子都有點害怕。「為什麼媽媽總是忘記帶錶呢？」慢慢地，他們的溝通技術有了進步，舌頭不再打結，遇見不懂的，會很有禮貌地跟人家打聽、詢問。

以色列的週四是購物日，輝輝會到雜貨店幫全家人採購。他隨身總會帶個小本子，每當雜貨店老闆娘告訴他某個東西產自哪裡或有什麼更好的用途，他就會認真傾聽，記在本子上。雜貨店老闆娘也會覺得這個小孩怎麼這麼好學，只要有時間，就會耐心地講解。輝輝很尊重店裡銷售的每樣東西，尊重人家的雜貨店文化。我們全家一致公認，輝輝的腦子就像是電話本，上頭有一張四通八達的資訊圖，給他一個信號，他馬上就能知道相關資訊。

日常生活中，爸媽應該多創造機會讓孩子多與人交流。像在超市、商場、公園、遊樂場等公共場所，適當地耍點小花招，讓孩子多開口和陌生人交流，幫助孩子克服害羞的心理。比如，陪孩子去商場買玩具時，讓孩子自己對店員說：「我想買這個玩具，請問多少錢？」如果孩子不願開口，玩具就與他失之交臂。

一開始，也許孩子不好意思說，家長可以先說一遍，讓孩子學著再說一遍。**不管孩子說得好不好，聲音夠不夠大，父母都應該鼓勵他：「你今天做得比以前好！」**說得多了，孩子會習慣的。家長在鼓勵孩子開口說話的同時，也可以教孩子正確使用禮貌用語，這樣，人們會更喜歡你的孩子。對孩子來說，也增加了開口說話的自信，而且，孩子會用這種被家長鼓舞起來的信心把每天的事情做得更好。

有一次，女兒要跟我去海法（以色列第三大城市，僅次於西耶路撒冷和特拉維夫）看朋友，得和幼稚園老師請假。我就故意鍛鍊她說：「妹妹，你打個電話給老師，問老師同不同意。」女兒為難地說：「可是，媽媽，我不會打！」

「媽媽可以教你呀！」我鼓勵女兒自己打電話。她嘗試著撥通，講清楚事情，最後還很有禮貌地跟老師說再見。掛上電話，女兒很自豪地跟我說：「媽媽，老師誇獎我了呢！」

我常聽到有些媽媽抱怨：「我的孩子在家很愛說話，唧唧喳喳令人頭痛。可是到了外面，真的要說話時，卻什麼也說不出來，這是什麼原因呢？」問題往往就在於這孩子已經具有良好的語言表達能力，卻沒有養成社會溝通的能力。

此外，**我建議家長，有時也可以把自己在溝通上受挫的經歷，轉化一下告訴孩子，就當是機會教育**。當年，我剛到以色列特拉維夫機場，就上了一堂課。我本來想好，把手

猶太家長在鼓勵孩子開口說話的同時，也會教導他正確使用禮貌用語，有禮貌的孩子受人喜歡，自然會增加開口說話的自信。

裡的一百五十美元兌換成以色列的謝克爾，誰知道兌換處兌給我的是五十謝克爾，我當時還以為是英鎊，被蒙在鼓裡。原本一百五十美元，一下子只剩下二十美元的價值，我事後想再回去機場爭取，已經不可能了。不過，我並沒有向孩子們抱怨，而是轉化成要孩子們注意的一課。

比如每次到外地時，我會要三個孩子一起去買票，他們先在紙上算好四張票要多少錢、找零是多少，然後在離開櫃檯前把錢點清，如果人家少找了，要客氣地提醒：「對不起，你們少找了。」

猶太父母
這樣做

即使是害羞的孩子，也能藉由後天訓練補強社交能力

——與孩子一起事先演練，學習與人打交道的方法和規範

猶太教育家約瑟說：「不同社交性格的孩子，把握機會的能力各不相同。因為孩子受其性格影響，在社交行為上會呈現出各自的特點。」機遇是千變萬化的，有些機會容易被某種個性的孩子抓住，而有的機會放在他面前卻如同虛設。反之，讓另一種個性的孩子遇上，可能就如虎添翼。因此，**父母在培養孩子的社交能力時，也有必要瞭解孩子的社交性格，才更能幫助孩子把握機會。**

就我的經驗來說，把孩子推出家門，需要父母的勇氣和智慧。父母可以從兩方面，協

助訓練孩子的社交能力。這當中一個是技巧，另外一個是性格的改造。性格大多是與生俱來的，要改變不容易，所謂江山易改，本性難移。但是，**孩子性格中的某些技能可以經過後天培養而獲得，社交能力便是如此。**

以華和輝輝放學後，想去附近的市場擺攤，可是，一想到要先跟市場管理員溝通，都窘於開口。為了鍛鍊兩個兒子的溝通能力，我在家裡先為他們彩排。以華和輝輝互相演對手戲，他們像兩個小演員，在家裡模擬跟管理員打交道可能發生的情景，看對方會提出什麼樣的問題，猜測自己會遇上什麼情境，研究該怎麼隨機應變。我則擔任兩人的評判，將兩個人的應變對答分別加一點減一點，變成最後的版本，供他們選擇。

到市場進行實地演練時，兩個孩子還是有點靦腆、膽怯。但是，有了在家的彩排經驗，他們鼓起勇氣跟陌生人開口打交道，就這樣邁出了他們與人溝通的第一步。兩個孩子跟市場管理員溝通時，我其實就悄悄跟在後面，站在遠處看著他們。我擔心他們沒經驗、受到傷害或覺得失望。直到兩兄弟跟管理員說再見，興高采烈地走回家時，我才連忙先一步趕回家，裝出一直在家等他們的樣子。

之後，孩子們愈來愈享受和人打交道的樂趣和規範，他們也會主動詢問周圍的攤主需不需要他們的小商品，有些成本比較高的，他們會自己斟酌以成本價賣給周圍的攤主。

溝通是一門藝術，孩子無法一天就完全掌握。多數孩子小時候都不喜歡和陌生人說話，但孩子總有一天要自己出去打拚，要成家立業，要承擔社會責任。他必須學會腳踏實地生存。我把三個孩子推出家門之前，他們也會說「媽媽，我不好意思說」，或者「媽媽，我不好意思去」。沒關係，我慢慢鼓勵他們：「只要你踏出去一步，你努力了，就會看到進步，你回來再和媽媽說，我們一起來分享你的收穫。」

每個孩子的情況都不同，有的孩子先天就具備了當「外交家」所需的許多特質，而有些孩子在學習後沒有多大的變化，但可能在某個時間點，變化就顯現出來了，而這個變化可能讓他終生受益。

猶太父母這樣做

1～12歲孩子社交能力的特性與教養關鍵

猶太教育家齊克．羅賓（Ziek Rubin）把孩子的交友過程分為四個階段，針對這幾個階段，父母可以採取不同的措施，幫助孩子建立友誼，培養團隊精神。

各年齡階段孩子的社交特性

．**1至2歲社交啟蒙階段**：這個階段孩子最重要的社交啟蒙導師是父母。唯有先與父母培養出親密、互信的關係，並獲得情感上的滿足，孩子才能有足夠的信心與能力去與他人交往。

・**3至4歲自我中心階段**：這個階段的孩子經常把一起玩或附近的孩子當成朋友，最好的朋友就是住得最近的孩子。他們尋找朋友就是為了有用，對方有他喜歡的玩具或具備他沒有的能力。本階段的孩子比較善於交往，卻拙於影響他人。

・**4至6歲自我滿足階段**：這個階段的孩子交友的目的並不是為了從別人身上獲得好處，他們傾向跟少數幾個朋友維持較親密的關係。此外，孩子開始意識到性別，懂得區分「男生」和「女生」。

・**6至9歲互惠階段**：這個階段的孩子交友是互惠而平等的。因此，他們評判朋友就有了標準：誰為誰做了什麼，並希望得到回報。正是因為這種互惠關係，友誼也只限於一對、小團體或小派別，而且一般為同性。

・**9至12歲親密階段**：這個階段的孩子不太在意朋友的行為，轉而關心其內在和幸福與否。許多心理學家把這個階段視為所有親密接觸的形成階段，他們認為，如果一個孩子在這個時候不能找到親密的朋友，那麼到青少年或成人時期就永遠找不到、也不會擁有真正的親密夥伴。

給爸媽的重要教養觀念

❶ **為孩子創造開放式的家庭環境**。在孩子的社交萌芽階段，家長適時提供各種社會生活和人際交往體驗，就可以預防孩子出現社交性退縮。

❷ **請一名善於社交的孩子當榜樣，向性格內向、不善交際的孩子示範各種社交技巧**。如對別人微笑、分享、主動的身體接觸、給予口頭讚許等。做為榜樣的孩子特質與你的孩子愈相似，效果愈好。

❸ **經常性的訓練非常必要**。有些社交技巧是必須「教導」的，比如怎樣參與別的遊戲活動、對同伴的友善行為做出回報、與同伴分享食物、玩具、給予同伴關心、幫助和同情，在這些時候應該說什麼話、做出什麼樣的表情和動作……經常向孩子說明，比單純讓孩子模仿別人效果要好得多。

❹ **多多表揚符合社會期望的「好行為」**，如合作與分享，當家裡吃好吃的東西時，可以讓孩子充當分東西的角色，當孩子有機會跟別的孩子一起玩時，鼓勵孩子想到別人、把玩具分給別人等。

家庭是有效培養孩子管理能力的場所

管理能力不是管理學院培養出來的，家庭才是培養孩子CEO管理能力最有效的場所。「有償生活機制」從各方面鍛鍊孩子的資訊、成本、時間管理能力。經過這種管理能力培訓的孩子，更符合未來國際化人才的要求。

在現代社會，管理能力已成為國際化人才的必備素養，《財富》（FORTUNE）雜誌多年前就斷言：「到二〇一〇年，專案管理將成為美國政府和企業界的主流管理模式；管理的能力和水準將構成新經濟時代個人和組織的核心競爭力。」這個預言無疑獲得了驗證，但更早實踐這個預言的則是猶太人。

猶太人在管理能力上技高一籌。看看全球知名企業CEO，猶太人多是座上賓。難道說，猶太孩子都上過管理學院嗎？

管理能力不是管理學院培養出來的，家庭才是培養孩子CEO管理能力最有效的場所。「有償生活機制」從各方面鍛鍊孩子的資訊管理能力、成本管理能力、時間管理能力。經過這種管理能力培訓的孩子，更符合未來國際化人才的要求。

以我家為例，自從家中實行有償生活機制後，我發現孩子鍛鍊出一種專案管理能力。

比如一起做家務、參與家庭規劃已經成為三個孩子的責任。家中事無大小，都會一起商量。大事包括讀什麼學校、選什麼科系、家中的分工安排、全家的未來計畫；小至這個星期家裡吃些什麼、列菜單等等。別小看孩子在家中的管理權，給他們機會，他們就會發揮得淋漓盡致。

猶太父母這樣做

鼓勵孩子動腦蒐集資訊，為家庭獻計，鍛鍊資訊管理能力

以前，我的三個孩子都是家中的小皇帝，只關心自己的小世界，從不關心家庭的腳步和規劃。我也把家中大計都攬在自己身上，因為我是大人嘛！但是，猶太爸媽可不這麼想，他們認為孩子也是名副其實的小主人，也要對家庭管理負責。他們鼓勵孩子動腦蒐集資訊，為家庭獻計。

比方說，**猶太父母會把每年的度假計畫全權交給孩子們打理**。由孩子負責制訂全家的度假計畫，讓孩子自己在網路上蒐集度假地的相關資訊。在蒐集資訊的過程中，孩子要對各地的旅遊特點、報價、季節等資訊進行整理、分析及歸納，最後向全家人說明。**猶太父母還特別喜歡拜託孩子做家譜或家庭相簿**。為了蒐集資訊，孩子要去採訪爺爺奶奶講述當年故事，然後用自己的話加以總結，做成圖文並茂的家庭相簿，分發給親友。這些製作過程鍛鍊了孩子的資訊歸納能力。

另外，**熟悉股票操作的家長，還會主動引導孩子一起注意所投資公司的相關資訊**，讓他們知道，哪些資訊會影響股票的漲跌，以及對投資的錢會有何影響等。這種小方法看似平常，卻蘊涵著猶太教養的苦心，在潛移默化中大大鍛鍊了孩子的資訊管理能力。

以華善用資訊管理，幫媽媽開了餐廳

知識也是一種資訊，學好眼前的知識，將大有用處。以華原本是個資訊意識很低的孩子，沒想到，「有償生活機制」的鍛鍊讓他脫胎換骨，成為「資訊達人」。而他所貢獻的資訊，竟然直接影響了我們家的經濟。

當學校課程講到以色列移民法時，以華腦子裡一下子就聯想到自己的家，他馬上舉手問老師，諮詢相關的法律流程。結果，他發現有筆移民安置費我沒有領取。以華放學後趕緊跑回家告訴我，剛開始我還不大相信：猶太人做事向來一板一眼，怎麼會忘了給我移民安置費呢？可是，聽以華說得頭頭是道、有理有據，我只好半信半疑跑去諮詢。沒想到，真的被以華講對了，我從移民局領回了一萬兩千謝克爾的安置費。這對當時的我們家來說，不是一筆小數目。我一直想在以色列開家中國餐館，一邊經營一邊外賣春捲。原本以為這個夢想需要一兩年才能實現，沒想到，兒子這麼快就用知識和智慧幫我圓了夢。儘管是一家小得不能再小的餐廳，卻大大提升了我們家的經濟，更代表我們家的家教革命初見成效。

輝輝的資訊歸納能力，開發商業金頭腦

輝輝不到三十歲就成為世界富豪，也要歸功於他的資訊管理能力。輝輝的以色列同學替他取了個綽號——「號碼萬事通」。要知道，以色列小朋友的資訊管理能力可是獨步天下，受到他們的認可一定要貨真價實才行。輝輝無論走到哪裡，都會多聽、多看、多觀察、多提問。這些小細節，替輝輝養成隨手歸檔各類資訊的習慣。他就像是一台攝錄機，會根據自己的需求，清晰地記錄辦事的流程及需要處理的事項。這些好習慣一直跟隨輝輝到現在。

比如，當他和同學一起去市場擺攤時，他會在蔬果、小商品等攤位來回轉轉，看看哪些攤位商機更多。經過他的觀察分析，他發現中國的風油精（由薄荷腦、樟腦、水楊酸甲酯、枝葉油、丁香酚等成分組成的綠色液狀藥物。能夠清涼、止癢、殺菌、抗菌）、檀香扇、絲巾在謝莫納鎮很受歡迎。輝輝興奮極了，把賣春捲賺的錢寄到上海，托親朋好友幫忙採購風油精等商品寄到以色列。在中國花二十五元人民幣買的絲巾，在謝莫納可賣二百五十謝克爾，相當於五百元人民幣，利潤非常高。

輝輝為什麼總能挖掘到利潤豐厚的空間呢？因為他從小就把一句話當成座右銘：「即

使是風，你也要知道它的來歷。」輝輝能進入門檻極高的鑽石行業，跟他小時候鍛鍊出來的資訊應用能力息息相關。

我有位親戚家的小孩，都已經讀碩士了，老師要他去買一些裝修材料，列好清單後，就交給他。他拿到清單後的第一個反應就是問老師：「這些東西到哪兒去買？」

老師告訴他：「建材行。」

他又問老師：「您說的建材行在哪裡？」

老師又告訴他具體的地址。

到了下午，他回來了。

老師問他：「買到沒有？」

他回答：「我到了您說的那個建材行，他們那裡沒貨了！」

老師又問：「那你沒問這種材料在哪裡可以買到嗎？」

他當時很自然地回說：「那我下次去的時候再問吧！」

聽到他的回答，老師感到很無言。

管理能力不是管理學院培養出來的，家庭才是培養孩子CEO管理能力最有效的場所。

這就是缺乏資訊管理能力的表現。**資訊管理能力等到上管理學院再學就晚了，這是一種生存技能，來自從小的家庭培養。**

讓孩子幫忙管理家計，從實際操作中，學習成本管理能力

京劇《紅燈記》中有句唱詞：「窮人的孩子早當家。」因為寒門子弟從小就懂得柴米油鹽家務事，甚至參與了家庭決策。在以色列，更懂得柴米油鹽的反而是富家子弟，家長刻意讓他們深入生活。**經營家庭其實最能考驗人，家是鍛鍊孩子的最佳管理學院。**

以華發現節省春捲成本的祕密

孩子的智慧常令成年人驚歎。照理說，我做春捲也算是行家了，想過很多節省成本的方法，可是，十幾歲的以華剛上場，就想出節省成本的小訣竅。訣竅就在春捲餡的調味料上。以色列人喜歡吃番茄、青椒等清淡食物，而且不吃豬肉、蝦。我做春捲餡也入鄉隨俗，把洋蔥、胡蘿蔔絲、包心菜、豆芽剁碎，放胡椒粉、雞粉等調味料，再用糖調色，這樣餡料看起來就非常有賣相。但是，雞粉就用得特別快，在以色列又不好買到，在一定程度上增加了成本。

有償生活機制激發以華思考這個問題，他對我說：「媽媽，不能把三樣調味料一起放進去。以色列買不到雞粉，從上海帶又很麻煩，要省著用。如果三樣東西一起放進去炒，出了水，雞粉很快就蒸發掉了，等於浪費了。如果最後放，不僅味道好，還能節省成本。」

以華手裡有個小本子，寫著各種紀錄。比如今天家裡買的麵粉，做了五十五張春捲皮，包春捲撕皮時，不小心弄壞幾張，所以只包五十個。然後他拿出去多少個，賣掉多少，還剩下多少，小本子上都有明確的紀錄。真沒想到，原來飯來張口的孩子一旦有了責任感，竟然會發生這樣的改變。從這一刻起，我對猶太生活教育的方法更由衷佩服。

輝輝也非常有責任感，遇到賣不完的春捲，他從來不自己吃掉或隨便送人，一定要拿回家，在大家面前清點完，再決定吃不吃。如果賣丟一個春捲，輝輝會主動掏出一謝克爾做為賠償。

有人跟輝輝訂了春捲，他總要趁熱送去，怕涼了會影響口感。我擔心輝輝送春捲的路上餓，就叮囑他說：「輝輝，路上你一定要吃幾個。」可是輝輝搖搖頭說：「不行。媽媽，我跟哥哥都已經分工好了，做多少個，就賣多少個，都已經算好了，如果我在路上吃了，回來數目就不對了。」輝輝覺得這是他和哥哥、妹妹約定好的事，不能隨意違反。當他把所有的春捲都送出去後，如果有剩的，他會拿回來，當著大家的面，把涼了的春捲過油重炸一遍再吃。

懂得成本，就懂得責任，成本管理從小就要學習

我在以色列的洗手間裡曾看過這樣的一幕，讓我感慨良多。我聽到隔壁間一直發出奇怪的聲音，由於時間過長，也過於奇特，不由得引起了我的好奇心。於是，我透過小門的縫隙看了一眼。原來，一個只有七、八歲的小女孩正在修理馬桶。一問才知道，小女孩上完廁所後，因為馬桶出了問題，水一直往外流。因此她就一個人蹲在那裡，千方百計想修好，阻止水再白白流出去造成浪費。她的父母、老師當時並不在身邊。

看到這一幕，我很受感動，一個只有七、八歲的小女孩，竟然有如此強烈的節約意識。也許有的家長會說：「孩子還小，長大了他們知道該做什麼就行了，別對孩子要求太高。」然而，我們不要小看孩子的幼年，你跟他的任何一個互動，都可能對他往後的人生影響甚鉅。所以教育有三個字很重要，叫「慎於始」。一開始你對待孩子的方法不對，可能一生就拉不回來了。成本管理是一種責任感，孩子的責任感是在生活中一點一滴地培養，慢慢形成的。平時瓶子倒了都不扶起來的孩子，你很難指望他有一天突然變得有責任感。**「家庭有償生活機制」的精髓就是，藉由讓孩子感到自己很有能力，讓他們懂得成本，懂得責任。**

教會孩子「不同時間要做適合的事」，養成時間管理能力

「孩子們，請問，如果每天都有八萬六千四百塊進入你的銀行戶頭，而你必須當天用光，你會如何運用這筆錢？」

天下真有這樣的好事嗎？是的，你真的有這樣一個戶頭，那就是「時間」。每個人每天都會有新的八萬六千四百秒進帳。那麼面對這樣一筆財富，你打算怎麼利用呢？

猶太孩子的第一堂投資課——投資時間

在鍛鍊孩子的理財智商之前，猶太父母會先幫孩子上第一堂投資課——投資時間！他們會告訴孩子，如果你想獲得財富，就必須投資在比金錢更有價值的東西上，那就是時間。世界上大多數人都想變富有，但很多人不願意先投資時間。他們會說，我沒有時間，我太忙了，我要做許多事。這些常見的觀點和藉口，就是為什麼只有少數人成為富翁的原因。

「時間管理」是猶太孩子從父母那裡學會的第一項投資本領。很多華人家長抱怨孩子的自我管理能力差，總是輸在惰性上。其實，**孩子的自我管理能力就是一種時間管理能**

力，會影響到孩子做事的效率，乃至事業的成敗。

輝輝原本也不是一個懂得管理時間、投資時間的孩子，我愈是將大把的時間給他，他愈是不知道珍惜。家裡推行有償生活機制後，他發現，原來每天的時間是需要統籌安排的。比如他要在放學後的五個小時之內，完成值日表上規定的家務、複習今天的上課內容，還要和樓下小朋友一起踢足球。這三件事情，該如何安排呢？哪個最優先？魚和熊掌若要兼得，效率要怎麼實現？

輝輝跑來問我：「媽媽，有什麼好辦法嗎？」

看到以往把時間當免費午餐的兒子突然對時間產生了價值感，我心頭一喜。為了讓他學會時間管理，我沒有幫他做家務，反而說：「兒子，時間不夠用，是很常見的現象，既然誰也無法比別人有更多的時間，那麼，唯一的辦法就是做好計畫，充分利用你的時間。」我跟他說了歐陽修的故事：歐陽修公務繁忙，幾乎沒時間寫文章，可是他會管理時間，把文章寫在「三上」。知道是哪「三上」嗎？馬上、枕上、廁上！

自從有意識地培養孩子的時間管理能力後，我發現，**提高孩子的時間管理能力，得讓孩子明白三個常識：第一，時間是消耗品；第二，事情有輕重緩急；第三，時間是有類別的，不同時間就要做適合的事。**父母有責任教會孩子根據事情的性質，安排不同類別的時間，讓孩子懂得在第一時間做完重要的事情，然後在固定的時間做每天都要做的事。

有些父母可能會說，既然安排孩子分擔家務這麼浪費時間，孩子還要為管理時間傷腦筋，為什麼要自找麻煩呢？猶太教養偏要找這樣的麻煩，他們的家教理念是培養一個和社會接軌的人才，而不是一個只會讀書的職業學生。

正確管理時間，人生自然井井有條，成功水到渠成

輝輝上大學時沒念過管理，卻成為很稱職的管理者。他經營企業井井有條，還能做到勞逸有度，工作休閒兩不誤。多數人做不到這個境界，就是因為他們沒有從小培養時間管理能力。研究指出：效率很差的人與高效率的人，工作效率可相差十倍以上，**成功人士的共同點之一就是善於有效運用時間**，其實人人都需要掌握時間管理的方法和觀念。

走進我們在以色列的家，輝輝的房間別具特色。他的房間床頭、窗簾、衣架、櫃櫥、鏡子、牆上……到處貼滿了各色各樣的小紙條。這些小紙條上寫滿了各種希伯來語、英語辭彙和常用句型，輝輝從來不願讓時間白白從眼皮底下溜過去。睡覺前，他會默念著床頭上的小紙條；隔天早晨醒來，他一邊穿衣，一邊讀著牆上的小紙條；洗臉時，他就

在鍛鍊孩子的理財智商之前，猶太父母會先幫孩子上第一堂投資課——投資時間！如果你想獲得財富，就必須投資在比金錢更有價值的東西上，那就是時間。

看鏡子上的小紙條。不僅在家裡是這樣，外出時他也不輕易放過一分一秒。出門時他早已把小紙條裝在口袋裡，隨時都可以掏出來看看、想一想。即使每週末去麵包店打工，他也會把小紙條貼在麵包架上，邊做事邊讀書。而且只要有機會，他就虛心向老闆討教。有時他跟我說著話，一轉身就睡著了，手裡還拿著字卡。

時間管理是件有趣的事，對孩子的發展有奇妙的作用。**正確地組織和管理時間，可以使你的孩子學會井井有條地做事，而井井有條的最終結果，是孩子能將精力、才幹和時間有效率地分配在遇到的問題上。**

不用羨慕別人家的孩子長大後成為統領企業的ＣＥＯ，**ＣＥＯ的事業啟蒙是從家庭開始的，並不是上了管理學院再學的。**我常聽父母抱怨，家裡的水龍頭沒關，孩子也不知道要關；玩著玩具就跑去看電視，任憑玩具扔得滿地也不收拾，差點讓家人摔跤；孩子因為貪玩或學習效率差，作業做不完，早上起不了床，家長還要替他們整理書包，甚至代寫作業。孩子生活得這麼沒有章法，做家長的是不是該反思一下？試想，一個連自己食衣住行都管不好的孩子，你又怎麼能指望他長大後有能力管理好自己和企業員工的命運呢？

未來，孩子將面臨更加激烈的競爭與不可預知的局勢，從小培養孩子的管理能力，能夠有成本、資訊及時間管理意識，還有管理自己、管理事務的能力，就能為孩子今後的成長、學習和工作做十足的準備和累積，他們便能從容地應對未來。

讓孩子全程安排規劃一場親子旅行

爸媽可以讓國高中年級以上的孩子安排一場全程由他們規劃的親子旅遊。準備一筆預算，讓孩子在有限的預算內，規劃旅遊路線、交通、行程、食宿……，此外，孩子還必須擔任小小導遊，負責為爸媽解說景點。旅行活動的規劃，恰好是訓練孩子「資訊」、「成本」、「時間」管理能力的活動。

旅行是考驗綜合管理能力的最佳活動

· **資訊管理能力**：行前的資料收集，包括：旅遊景點、住宿資訊、交通路線安排……在資料的收集過程中，可以讓孩子學會藉由網路、書本或其他方法，取得所需的資訊。此外，從龐大的諸多資訊中，過濾並選擇自己所需的資訊，也可以訓練孩子的資訊管理能力。

· **成本管理能力**：在有限的預算內，做交通、吃、住、玩樂……的預算管理，孩子必須經過多方比價與考量，才能訂出合理的消費計畫，有助鍛鍊成本管理能力。

· **時間管理能力**：旅遊行程的設計，包括：各景點停留的時間、用餐時間、交通工具的搭乘時間……孩子在規劃行程的過程中，會考慮到在有限的時間之內，應該把握機會去哪些重要景點，而哪些景點又必須割捨，如此一來，便能夠訓練孩子的時間管理能力。

給爸媽的注意事項

❶ **準備階段，採取從旁協助，卻不過度干涉的立場。**培養孩子的自理能力，要做到「管」與「放」的結合。所謂「管」，就是在孩子做某件事時要過問，預先想到有什麼困難，事前做一些必要的指導；所謂「放」就是要放手讓孩子去做，在實際操作的過程中，孩子才會有所成長。

❷ **即使過程不見得完美，父母也應鼓勵孩子。**旅行的過程中，若孩子的規劃不夠完美，爸媽也不可擺出失望或不高興的態度，應該以鼓勵的態度，讓孩子勇於嘗試並樂於挑戰。

❸ **事後的經驗分享與討論。**旅行結束後，爸媽應該針對孩子的表現，給予肯定並表示感謝。也可以跟孩子討論這次準備旅遊的過程中，孩子的感想如何，若他覺得自己表現不夠好，爸媽也可以誘導孩子去思考下次該怎麼做，並適時提供自己的經驗給孩子參考。

生存教育讓孩子積極性和行動力高人一等

輝輝不到三十歲，就實現夢想，躋身世界富豪，這些成功都是以色列生存教育水到渠成的結果。在生存教育氛圍中培養出的猶太子女，會不斷經由練習和複習來達到對某事物的理解，進而取得高人一籌的成績。

輝輝是典型的七〇後，他沒有家財萬貫的父母，也沒有有權有勢的親戚，按他的年紀，他也買不起上海的房子。可是，他卻如願以償為家人買下豪宅，在三十歲前就成為擁有一流專業技能的世界富豪。輝輝常說，感謝以色列的生存教育，讓他夢想成真，他的成功，正是以色列生存教育水到渠成的結果。

歸納輝輝的成功特質，可以窺見以色列生存教育為孩子帶來的正面影響如下。

積極求知，勇於發問

在這種氛圍中培養出的猶太子女，即使不聰明，也會不斷經由練習和複習來達到對某事物的理解，進而取得高人一籌的成績，包括學習。大多數猶太學生的成績都很好，關鍵就在於他們在生存教育鍛鍊中培養出的高度責任感、自我管理能力和生存的積極性、行動的高效性。

輝輝在上海時，上課就不愛發問，會與不會的問題都得過且過，不會追根究柢。來到以色列後，看到班上的同學都把跟老師溝通當成享受，讓他也有點坐不住了。他想提問，但總是有點怯懦，開不了口。我和輝輝一起討論並訂了一個很實際的目標：他每天上課一定要提問，一天舉兩次手就好，如果堅持一個星期就有獎勵。後來達到了，我又與他訂了下一個目標，每堂課都舉至少一次手。兩個月後，老師跟我說輝輝在課堂上變得積極了，而輝輝也跟我說：「原來，把不懂的問題弄懂，是這麼快樂的一件事。」

等輝輝回到上海讀大學，根本不用我叮囑，就已經把向老師提問當成是必修課。他念的是英語，會事先把問題寫在小本子上，每天下課問老師一個問題，讓他的外語基本功愈來愈扎實。很多同齡的中國同學害怕向老師提問，有的人怕老師覺得自己笨，有的擔心碰釘子，相較之下，在以色列的「積極行動」教育下長大的輝輝，沒有這些無謂的心理包袱。

懂得把握每一個機會，確實開創人際網絡

人際關係不是天上掉下來的，需要長年的累積和經營。在這方面，輝輝確實學到了猶

太社交法則的精髓。經過待人接物的從小演練，輝輝對人對事都非常主動。輝輝是謝莫納鎮公認的「外交大使」，要知道，猶太人的社交能力是全世界公認地好，他們因為散居世界各地，一向把人際關係視為成功的必要因素，而輝輝竟能得到他們的認可。

好人緣給輝輝帶來了不少機會。就拿推銷春捲來說吧，輝輝在學校的人緣很好，同學經常主動要幫他的忙。有一天，有個同學跟輝輝說，他家鄰居要在花園裡開大型派對，同學問輝輝要不要做這筆生意。輝輝當然說好。於是這個同學就帶著輝輝去他鄰居家拜訪。那家的女主人嘗了輝輝帶去的各種口味的春捲，覺得當晚上的甜品非常適合，再一聽輝輝對中國小吃的介紹，印象非常好。當下就預訂了一百個巧克力和乳酪口味的春捲。

派對結束後幾天，輝輝又拜訪了這家女主人，詢問那天的春捲口味如何。女主人說：「我正好要跟你聯繫呢。那天的春捲為派對增添了中國風情，大受好評。下個禮拜，我還有個朋友要辦派對，她托我再跟你訂一百個春捲。」就這樣，才十幾歲的輝輝就能獨立開拓出自己的客戶網。

輝輝能取得今日的成功，和他不放過每個機會有極大關係。無論是拜託市場管理員為他留下位置，還是在以色列報紙上開設專欄。在上海讀大學時，他雖然學的是英語，但大多數猶太學生的成績都很好，關鍵在於他們從生存教育中培養出的高度責任感、自我管理能力和生存的積極性、行動的高效性。

是遇見上海服裝展覽會、裝修展覽會等，也會主動去看有沒有能學的東西。他有時兼職翻譯，有時幫忙蒐集資料，或詢問對方：「如果您要在上海待幾天，也許我能幫上您。」輝輝不是好高騖遠的孩子，他總是確實地把握身邊的每一個機會，一步步開拓自己的人際網絡。

掌握多國語言，擁有開創新事業的優勢

猶太人把外語學習做為培養孩子人際關係的首要功課。猶太民族很早就發現語言的差異是文化交融的障礙，於是每個人都要求自己要掌握一兩種外語，這也幫助他們在跨國貿易中取得先機。猶太孩子積極學習外語的信念就是：「會說幾種外語，就具備幾個人的價值。」

當人們掌握一門外語後，收穫遠非只是增加一種語言的表達能力，而是會影響人的思考方式，甚至改變人的氣質。猶太人會說的外語種類，堪稱世界之最。輝輝在上海時，只會一種外語：英語。當他來到以色列後，才發現自己會說的外語太少了。在他接觸的猶太人中，一般都會講三到四種外語。輝輝的語言天賦本來就不錯，再加上勤奮學習，他的希伯來語、英語的水準都突飛猛進。

沒想到，有一天，他嫺熟的外語能力竟給他帶來意外的機遇，讓他獲得微服私訪的以

色列前國防部長的青睞。

那天晚上，在餐館打工的輝輝用流利的希伯來語熱情地跟幾位剛進門的客人打招呼：「晚安，歡迎光臨！請問需要什麼？」

剛進門的六位客人，三男三女，其中有一位身著軍裝。跟輝輝寒暄了一下後，一位女士抬起頭觀察輝輝，她問輝輝：「你的希伯來語怎麼說得這麼好啊？」

「你是哪個國家的，為什麼來以色列呢？」同行的另一位客人對輝輝很好奇。以色列人對東方人充滿好奇，但是，他們往往分不清華人、日本人和韓國人。

「我是中國人，要在以色列服兵役。」輝輝說。

「在以色列服兵役？」

聽輝輝介紹完自己的情況後，那桌的一位黑衣客人就問他：「你願意參加國防軍嗎？」

「我想當空軍，或去情報局。」去情報局一直是輝輝的願望。

「把他的身分證號碼、姓名和入伍時間記下來。」這位客人吩咐了一下身邊穿軍裝的人，等輝輝說完自己的身分證號碼，他轉身拍拍輝輝的肩膀說：「小夥子，你會夢想成真。」

當時輝輝並沒有把這件事放在心上。想不到，數月後輝輝接到入伍通知，打開一看，居然真的是情報局。他回想起那天在餐館遇見的幾個客人，跟哥哥以華描述了那位軍人的肩章，以華的眼睛睜得大大的，驚訝地說，他是中將啊（以色列陸、海、空三軍的指揮「總參謀長」是中將）。輝輝又跟以華描述一下黑衣人，以華肯定地說：「他就是國防部長啊！」

輝輝後來可以成功開創事業，和他掌握的外語能力息息相關。語言上的信心，讓他擁有令人難以置信的優勢，更讓他結識了以色列頂級鑽石公司的老闆。此後，輝輝把握機會，一舉開創了自己在中國的鑽石零售業務，創立了全新的品牌。隨著中國國內鑽石消費異軍突起，消費水準一躍超過美國，成為鑽石消費的第一大國，輝輝再次證明了自己的卓越眼光，也證明猶太人的語言教育信念相當正確。

每一個挑戰都做到最好，平民少年也能變成鑽石富商

服完兵役後，輝輝主動打電話給一位以色列鑽石公司的老闆，因為之前輝輝幫他做過翻譯。鑽石公司老闆約輝輝隔天去鑽石中心一趟。

以色列約占世界鑽石貿易額的一半，拉馬特甘（Ramat-Gan）鑽石中心位於特拉維夫市（Tel Aviv-Yafo，特拉維夫—雅法，通常簡稱「特拉維夫」，是以色列第二大城市）城東，是以色列鑽石交易所和以色列鑽石工業研發技術中心所在地，也是世界鑽石業的中心。

輝輝先到街上買了一套像樣的西裝趕去拉馬特甘的鑽石城，老闆正和幾個人在辦公室

商談，見輝輝進來，老闆就跟輝輝說：「你來得正好，為我們說的數字記個帳。」帳不算複雜，而且輝輝經過家裡有償生活機制的培育，自己又擺過攤，老闆隨口說的幾個帳，他一聽就明白了，非常清楚地把帳目記下。臨走前，老闆跟輝輝說：「你明天有空的話，再過來一趟。」輝輝第二天如約趕到，老闆還是讓他記帳，一連三天，輝輝都有條不紊地完成了老闆交代的事。

「小夥子，你的帳記得很好，很清楚，沒有錯。」老闆一邊說一邊取出一張紙遞給輝輝，「看看能不能解這道題。」輝輝的數學程度很好，一會兒就解出來了。

「你有興趣來這裡工作嗎？」老闆笑著問輝輝。

鑽石是一個入行門檻很高的行業，新鮮人很難進入，輝輝對這個機會盼望已久：「我願意，請您放心，我會努力工作。」

說到做到，輝輝常常工作到深夜。不久，他的勤奮和人品獲得了老闆的信任，讓他如願以償坐到一堆碎鑽前學習分級、歸類，這是成為鑽石商人的必經之路。機會總是留給有準備的頭腦，輝輝在大學裡輔修的珠寶鑑定課程幫了大忙，他很快就上手了，接著便四處打電話尋找顧客。

當人們掌握一門外語後，收穫遠非只是增加一種語言的表達能力，而是會影響人的思考方式，甚至改變人的氣質。

為了成為專業人士，輝輝付出了常人難以想像的代價，他珍惜每一個機會，撐過每一次考驗。經過反覆練習，終於學會了鑽石鑑定的技巧，步上成為一個成功鑽石商的路。所有白手起家的富豪回想起自己賺到第一桶金的時候，心中總是充滿了辛酸。輝輝也不例外，他常說，人生的意義，或許不在於站在哪個入口，而在於你一旦進入之後，能夠付出努力，並且專注地達到最後的目標。

從一個普通大學生到上海灘知名的鑽石猶太新貴，再到年輕的世界富豪，輝輝的成功故事，並不是要父母把孩子刻意培養成富翁，而是想讓天下的父母知道，**愛孩子並不是看你能給他多少，而是看你能不能發掘孩子的生存技能和特質**。給孩子房子、車子，也許能讓他少奮鬥幾年，但是他們並沒有獲得真正的自主能力，也感受不到創業多麼幸福、靠自己累積又是多麼開心，父母其實是剝奪了孩子的生存戰鬥力。

人們常說「窮人的孩子早當家」，還有人說現在的孩子之所以不求上進，是因為環境太好。其實，窮人家的孩子也未必都有出息，來自富裕家庭的孩子也未必都不成材，關鍵在於家長如何引導，如何運用他們的智慧。機會永遠屬於提早做好準備的人，孩子未來的人生也許就從父母改變家教理念的那天開始！

「生存力」這樣教

華人孩子與猶太孩子的「生存力」超級比一比

評比項目	華人孩子	猶太孩子
在校成績	成績好、高學歷 (平)	熱愛學習、成績好 (平)
理財智商	不擅長金錢管理、缺乏投資、行銷概念	懂得合理消費、具財富創意、對投資理財有高度興趣、有行銷概念 (勝)
家事（責任感）	十指不沾陽春水，家事通常由父母一手包辦，不會主動幫忙，也不認為自己應該幫忙	認為自己是家中一份子，理當分擔家務，有責任感、懂得做事的方法，且能體貼父母並主動幫忙 (勝)
人際關係	在家通常是小皇帝，但在外人面前容易緊張害羞、也不敢表達自己的意見	對外表現能落落大方，能夠明確表達自己的想法，有自信與他人交流，並樂在其中 (勝)
自我管理能力	沒有管理的概念，也不懂得該怎麼管理，缺乏規劃的訓練	擅長管理資訊、成本、時間等資源，規劃力強 (勝)
積極性、行動力	缺乏積極性、行動力，容易有心理包袱，不願嘗試新事物	個性積極、行動力強，懂得掌握每一個機會，並努力去做到最好 (勝)
生存力總評	高學歷低成就	高學歷高成就 (勝)

在傳統「萬般皆下品，唯有讀書高」的教育觀念下，華人孩子普遍成績好、學歷高，

卻不懂得生活技能，缺乏理財智商、不擅與人交際、責任感較低，也不會打點自己的事務，是令父母操心的「高學歷低成就」。另一方面，猶太孩子在「生存力從小培養」的有償生活機制下，培養出高度的責任感、自我管理能力和生存的積極性以及行動力，並具備了理財智商、溝通能力，獨立的他們學習能力也很好，是不用讓爸媽操心的「高學歷高成就」。

有償生活機制包含哪些能力訓練，各項訓練該從何時開始實施？其終極目標為何？

猶太父母認為孩子的生存教育應該從小做起，跨越青少年時期直至成年為止。在不同的成長階段，應施予適當的訓練，最終的目標是促成孩子的完全獨立。以下是「生存教育」中各項能力訓練的目標，以及開始實施時間。

理財教育

花零用錢↓合理消費（3～7歲）

記帳↓分配金錢用途（8～9歲）

做生意↓理財創意、行銷訓練（10歲～）

投資→學會金錢增值的法則（12歲～）

家事教育

簡單動作訓練→學習秩序、訓練大小精細動作（3～5歲）

自理能力訓練→獨立（6～12歲）

家事訓練→累積實際做事的能力、責任感、體貼（6歲～）

打工→學會「勞有所獲」的滿足與成就感（16歲～）

人際關係教育

和諧家庭氛圍→穩定人格基礎的培養（1～2歲）

交友→學會分享、互惠、協調、合作（3歲～）

對外溝通、交流→勇於表達自我、人際網絡的開展（8歲～）

自我管理能力教育

資訊管理→資訊的選擇、取捨（15歲～）

成本管理→節約、有效使用資源（15歲～）

時間管理→在不同時間做最有效率的事（15歲～）

積極性、行動力

在生存教育下長大的孩子，積極性和行動力自然高人一等！

PART 3

延遲滿足，發展孩子的意志力

中國有句俗語「富不過三代」，
猶太人卻能夠將財富代代傳承下去，發揚家業，
這是否與猶太教養中的「延遲滿足」「適當不滿足」有關？
猶太爸媽究竟有什麼祕訣，能讓孩子體諒父母？
拒絕孩子的請求，該怎麼說，才能讓他心服又口服？
為什麼猶太孩子充滿自信，同時具有高度的耐挫力？

本章中，猶太媽媽沙拉將分享她的觀察與個人體驗，
傳授爸媽如何藉由延遲滿足的訓練，
培養孩子的責任感與意志力，
教出體貼父母、懂節制、高逆境智商、忍耐力強、
有家教的好孩子。

意志力教養情境
模擬檢測表

你的教養觀是哪一種？是對孩子有求必應的「提款機」，精心照料、服侍仔細的「孝子孝女」，還是懂得適當不滿足的猶太父母？在進入本章前，請先勾選這份教養情境檢測表。

透過這份表格，爸爸媽媽可以更清楚自己對於孩子教養的想法，也能更進一步看看猶太媽媽如何聰明面對這些讓父母頭大的教養問題哦！（各題後頁碼標示，如 P.015 為本書相關主題的參閱頁碼）

1 你認為怎麼做才是尊重孩子的表現？ P.135

□一切以孩子為重，對於孩子提出的要求全都予以接納。
□孩子還小不懂事，應該完全服從家長的意見。
□傾聽孩子的話、尊重他的個性，但不允許孩子的不合理要求。

2 孩子要求你買玩具給他，你的回應是？ P.142

□孩子若喜歡，玩具也不貴，那就買給他吧。
□不可以讓孩子養成想買就買的習慣，應該嚴厲拒絕。
□建議孩子若有想買的東西，可以幫忙做家務來換取。

3 孩子吃飯時心不在焉，飯吃兩口只顧著玩，你會怎麼做？ P.185

□孩子不想吃就不要勉強他，晚一點再吃點心就好。
□嚴厲斥責孩子不可浪費食物。
□告訴孩子現在不吃，等一下就沒有東西吃，並堅決執行這條規矩。

4 不滿足孩子的要求，他就在眾人面前哭鬧不休，你會怎麼處理？ P.153

□絕對不可心軟妥協！警告他再不停止哭泣，爸媽就把他丟下走掉。
□孩子在眾目睽睽之下哭鬧，這次只好先順著他。
□轉移孩子的注意力，先將他帶離現場，等他心情平復再講道理。

5 天氣寒冷，但孩子要求去公園玩，你會怎麼做？ P.160

□為孩子做好一二〇%的防寒準備，並隨時陪伴在側，以免孩子受傷。
□孩子活動量大，容易出汗，活動時適度保暖即可。
□天氣冷不應該讓孩子外出，以免感冒。

6 孩子不小心跌倒，你的反應是？ P.162

□心疼地抱起孩子，陪著他一起掉眼淚。
□責怪孩子不小心看路，要他「不許哭」。
□查看孩子是否受傷，若他沒有哭鬧，家長不須過度反應。

7 當孩子出現浪費奢華的傾向，你會怎麼做？ P.154

□若家境允許，不須為了省一點小錢和孩子作對。
□放任孩子浪費，總有一天他會變成敗家子，應該嚴厲禁止。
□與孩子討論他的花費是必要還是浪費，鼓勵他將眼前的短暫享受轉為未來的投資。

8 看到孩子吃苦，你的反應是？ P.177

□身為父母，怎能看著孩子受苦不管，一定要想辦法為他減輕負擔。
□適度的磨難可以鍛鍊孩子的心智，父母應該鼓勵孩子面對挑戰。
□吃苦當作吃補，父母坐視不管即可。

9 孩子的考試成績，有的科目表現很好，有的表現欠佳，對此你的處理是？ P.179

□考不好的科目代表孩子對它沒有興趣，只要他有興趣的科目表現好即可。
□更加嚴厲督促孩子讀書，要求他必須科科都拿好成績。
□與孩子一起討論，為何有的科目考得好，有的考不好，找出箇中原因，思考怎麼做可以讓表現欠佳的科目更進步。

10 孩子面對失敗難過痛哭，你的反應是？ P.169

□告訴孩子之所以會失敗是因為努力不夠，要他自我反省，下次一定不能失敗。
□安慰孩子勝敗乃兵家常事，等孩子心情平復後，跟他一起討論此次失敗的原因何在，怎麼做會更好。
□當父母的應該全力挺孩子，跟他一起抱不平。

11 孩子個性較活潑，有時會對人做出不禮貌的舉動，你的反應是？ P.186

□一笑置之。孩子年紀還小，難免掌握不了分寸，大人用不著大驚小怪。
□嚴厲斥責孩子。不能因為孩子年紀小就放鬆管教。
□即時婉言糾正孩子。即使孩子年紀尚小，還是應該教會他應遵守的禮儀與分寸。

12 管教孩子時，若孩子出現反抗態度，你會如何處理？ P.151

□堅持與孩子對槓，恐怕會傷害親子間的感情，還是不要再提。
□先適當讓步，等孩子的情緒穩定之後，再挑好時機與孩子討論為何爸媽希望他改變。
□孩子怎能忤逆父母，一定要讓他承認自己的不對。

猶太教養重要原則——延遲滿足、適當不滿足

有關「延遲滿足」，心理學家做過一個著名的「棉花糖」心理實驗，實驗的結果發現：能夠「延遲滿足」的學生，學業成績比那些禁不住誘惑的學生平均高出二十分；畢業後，找到滿意工作的機率也更高。

根據我的觀察，華人父母在家庭教育中大多處於被動的局面，他們付出的愛總是得不到回報。他們愈是體恤孩子、滿足孩子，孩子反而無法體諒父母，甚至折磨父母。

華人孩子為什麼無法體諒父母呢？因為華人父母沒有給孩子這樣的機會。生活水準的提升，為父母滿足、遷就孩子提供了有力的支持。在這種環境下培養出來的孩子雖然擁有高智力、高自尊、高自信等優點，卻也有很多缺點。當代父母是最堅持「兒童本位」的父母，也是最瞭解孩子意願的父母，完全按照孩子的意思去愛他們。這些父母以為給得愈多，就是愛得愈深，反而造成孩子沒有機會切身體會父母的辛勞，感受父母提供的幸福得之不易，也沒有機會培養對父母和社會的感恩，缺乏責任感和義務感。

「兒童本位」體現了現代社會對兒童的尊重和理解，但是一味地尊重孩子，並不等於掌握了教養的方法。「該採用什麼樣的方法尊重孩子？」才是兒童心理教育的重要命

題，現代家長卻往往忽略最重要的這一點。

為何忍不住要溺愛孩子？瞭解父母無限滿足孩子的三個原因

通過對兩千多位華人家長所做的調查，孩子不聽話是幼兒家庭教育最大的問題。造成孩子成為「小皇帝」的主因，和家長的「超前滿足」、「即時滿足」、「超量滿足」有關。

「超前滿足」的孩子在家中的地位高人一等，處處受關照，孩子不餓就餵飯，還沒要求就買玩具。這樣的孩子自我感覺良好，習慣高人一等，必然會變得自私、沒有同情心，也不會關心他人。

「即時滿足」是孩子要什麼就給什麼。這種孩子必然會養成不愛惜物品、重視物質享受、浪費金錢和不體貼他人的性格，並且毫無忍耐和吃苦精神。

「超量滿足」允許孩子在飲食起居、玩耍學習、待人接物方面的行為超越正常規範。結果，爸媽愈超量滿足孩子，他愈變本加厲。超量滿足讓孩子無法明辨是非，培養不出責任感和落落大方的性格。

父母其實都知道，愚蠢而浪費的「超前滿足」、「即時滿足」、「超量滿足」都是毀滅性的教育方式，會壓制孩子的成長。那麼，既然多數父母都知道這種滿足是飲鴆止渴，為什麼就是克制不住要去溺愛孩子呢？以下是造成父母無限滿足孩子的三個原因：

原因1

少子化造成的親情俘虜

過去的華人家庭子女數較多，父母的注意力難免會分散，可以均分給每一個孩子。現今在少子化的影響下，獨生子女的家庭增加，全家人都將注意力集中在這個孩子身上。他是全家唯一的孩子，唯一的希望，唯一的未來。從這個孩子誕生那天起，父母所有的情感一下子就被俘虜了，不可遏制地要把最好的東西都給這個孩子。

原因2

藉由無限制地滿足孩子，從而滿足自己

今天的華人父母經歷由貧轉富的經濟成長，幾十年前，在經濟尚未豐足的時代，即使父母想溺愛孩子，也沒有那個條件，吃喝玩樂都相對匱乏。現今經濟突飛猛進，新一代的父母於是竭盡所能地補償孩子。有的爸媽更是把童年未能實現的享受和願望，一股腦地傾注到唯一的孩子身上。且不說經濟富裕的家庭，對孩子的要求百依百順，即使經濟條件普通的父母，就算自己節衣縮食，也要讓孩子活在優越的物質生活之中。這種做法是潛意識裡把孩子當成小時候的自己，給予補償性的過度滿足。

原因3

父母並未好好消化教養理念

美國心理學家埃里希·佛洛姆（Erich Fromm）說過：「愛就如同其他藝術一樣，我們需要學習才能夠掌握。父母也必須通過學習並付出努力，才會懂得如何去愛。」也許很多年輕家長會覺得很委屈，覺得打從有了孩子以後，自己就讀了不少育兒教養書。可是仔細審視一下，你是否理解那些教養理念的真正內涵呢？比如說「兒童本位」這個理念，鼓勵家長要走進孩子的內心世界，和孩子交朋友，要蹲下來和孩子說話、尊重孩子的個性等，並沒有慫恿家長把孩子的地位放在高人一等的位置上，那是對兒童本位的誤讀。兒童本位強調父母與子女間的心靈相通，並沒有授權父母對孩子無限滿足或者是輕易滿足。

無限滿足孩子將帶來的三大危害

別小看無限滿足所帶來的危害，它就像是在兒童成長的泉水源頭撒下了一把毒藥，日後，做父母的將嘗到苦水的滋味，也只能同孩子一起飲下，卻又追悔莫及。

危害1 孩子將綁架家長的愛，折磨父母

在你無限滿足孩子的時候，你的孩子也接受了這樣的心理暗示，認為「只要我發出要求的信號，就一定有人會滿足我。」這種滿足孩子的愚蠢做法，容易讓孩子變得自私自利。因為他得到的幸福來得太多、太快，根本就不會去想幸福是怎麼來的，更不曉得父母為了給他幸福、付出了多少汗水，也就不知道如何珍惜這份幸福，不懂得父母的用心，有可能對著爸媽發脾氣、耍威風。其實，以愛要脅愛，往往發生在最親密的人之間，這是以愛的名義進行的折磨。

危害2 孩子無法適應社會生活

當孩子成了家庭的中心，大人總是圍著孩子轉，會讓孩子產生「我要什麼就該有什麼，我想做什麼都得依著我」的想法。結果，孩子的欲望不斷發展，得不到有效的控制，**這種性格一旦形成，成人以後很難適應複雜的社會生活，因為他不懂得做人做事的道理。**家長可以無限滿足他，但社會不是父母，不會無限滿足他。此時，他就像一輛只有油門、沒有剎車的汽車，開到馬路上去肯定會出事。

危害 3

孩子沒有韌性，缺乏競爭力

中國有句俗話：「要想小兒安，三分飢和寒。」父母對孩子的不恰當滿足，是父母之愛不受控制的宣洩，最後往往造成無窮的禍患。被滿足感填滿的孩子，缺乏耐挫力，在父母羽翼下走慣平坦路、聽慣順耳話、做慣順心事，遭遇挫折時輸不起的孩子，正是外表光鮮、卻禁不住社會擠壓的「草莓族」。由此看來，教養只憑父母對孩子的愛是遠遠不夠的，還需要理智地思考「滿足」這件事，掌握滿足的技巧。

猶太父母愛孩子的藝術——別讓孩子太早吃棉花糖

到底，愛孩子究竟該怎麼拿捏才對呢？心理學家做過一個著名的「延遲滿足」心理實驗：在一所小學裡的其中一班，裡頭的十個小學生早上上課前都拿到一小塊棉花糖。老師告訴他們：「你們隨時都可以吃掉，但是，如果誰能堅持到今天放學回家後再吃，我

「兒童本位」這個理念，鼓勵家長走進孩子的內心世界，強調親子間的心靈相通，並沒有授權父母對孩子無限滿足或者是輕易滿足、超量滿足。

會再發一塊棉花糖作為獎勵。」

棉花糖的誘惑很大，有幾個學生還是忍不住吃掉了，但另一半的學生千方百計忍住，等著放學時拿到獎勵。後來，這個實驗一直追蹤這些孩子到大學畢業，結果發現，能夠**「延遲滿足」的學生，學業成績比那些禁不住誘惑的學生平均高出二十分；畢業後，找到滿意工作的機率也更高。**

「延遲滿足」是猶太父母愛孩子的重要方法之一，對於孩子要求的東西，他們一旦決定延遲給予或拒絕給予，無論孩子怎樣哭鬧，也絕不會反悔，要求孩子絕對服從「延遲滿足」原則。此時，他們不是拿出父母的權威強迫孩子服從，而是經由溝通與解釋，讓孩子明白應該聽從父母理性且明智的決定。

年輕一代的父母容易誤將超前滿足、即時滿足、超量滿足孩子的能力，作為衡量自己是否是成功父母的標準。然而，當這個被滿足感填滿的孩子走進社會，社會能對他有求必應嗎？倘若不能，他是否會產生極大的失落和委屈？與其讓孩子進入社會再交這筆學費，不如先在家對他展開「適度不滿足」的「匱乏」訓練，讓他們懂得延遲享受，對人生有所期許，同時也增強孩子的受挫力，為他走入社會前多買一份「心理保險」。

延遲滿足讓孩子瞭解社會、體諒父母

華人父母總認為家中經濟狀況是大人的隱私，不應讓孩子有負擔，以免影響他的學習成績。猶太父母則認為讓孩子適當瞭解家中的經濟狀況，可以讓他學會體諒大人持家的辛苦，更懂得珍惜生活和家人。

短短數十年間，猶太人迅速竄升，成為世界最懂得賺錢的民族。猶太人這麼有錢，一般人都認為猶太富二代必然銜著金湯匙出生，必定從小過著錦衣玉食的生活。

事實上，這些有著傳奇發跡史的猶太富爸爸、富媽媽，卻堅絕不讓孩子過著養尊處優的日子。他們想了很多辦法，幫助孩子杜絕過早的享受，從小就對孩子進行「延遲滿足」教育。

猶太父母這樣做

「延遲滿足」教育的第一步，讓孩子瞭解家中經濟狀況

——建議學校舉辦「參觀爸媽的一天」活動，近距離體會爸媽工作時的辛勞

在以色列，兒子的學校曾經辦過「參觀爸媽的一天」社會調查，調查爸媽從早晨起床

到晚上就寢所做的事情。兒子回來跟我說，在最後的調查總結課上，班上好多同學都哭了，他們沒想到，爸爸媽媽掙錢竟是如此不容易。一個曾經跟媽媽要求買名牌溜冰鞋的同學，參觀了他媽媽所在的工廠，親眼目睹媽媽在嘈雜的機器聲中忙碌的背影，慚愧地說：「調查那天，我看到媽媽的胳膊累得都抬不起來了。」他為自己平時不珍惜媽媽的勞動果實而慚愧。老師告訴我，學校之所以辦這個調查，是出於一些猶太父母的提議，他們跟老師溝通：「要孩子理解『延遲滿足』不能光講道理，還得從實踐中去體驗生活，兩者結合才最有效果。」

「參觀爸媽的一天」活動讓孩子適當瞭解家中經濟狀況，從而體諒大人持家的辛苦，更懂得珍惜生活和家人。之後，兒子班上的同學也主動用自己的方式來表達對父母的體諒與愛，像是「媽媽今天下班很累，我放學回來幫她把菜先洗好了。」「今天是星期天，但爸爸還要在報社寫東西，我就幫他打掃了書房……」

為了讓孩子們理解「延遲滿足」是一種社會責任，唯恐孩子走上「偽貴族化」的歧途，猶太父母十分重視對孩子們的延遲享受教育。有些猶太富爸爸會安排孩子去參加「飢餓體驗」，比如帶孩子一起去非洲的貧窮地區參觀做義工，讓孩子瞭解這個世界。體驗飢餓以後，孩子們經常有脫胎換骨的改變。「原來，全世界至少還有兩億人靠援助才能活下去——他們平時吃的飯菜竟然那麼差！原來爸爸說非洲貧困地區的孩子一年的生活費只有一百美元的事是真的。」

我兒子有個很要好的初中同學，名叫約翰，他爸爸是特拉維夫的一個知名富商。這個爸爸很有趣，他有很多輛名車，可是，他每週末都堅持帶兒子去坐公車，讓兒子看看外面社會的艱辛。還有一次，約翰和我兒子一起背著大背包，騎著自行車去送外賣。那一天正下著雨，兩個孩子遠遠看見一輛車從面前駛過。巧的是，那正好是約翰爸爸的車，可是約翰還是照樣去送外賣，他爸爸也照樣去辦自己的事。如果他想要一雙嚮往已久的球鞋，他爸爸會建議他每天晚上洗一次碗筷或者同意其他的獎勵機制，用自己的勞動一點一點來換取。他的父母說：「如果想要的東西太容易得到，你就會被寵壞，因為這會讓你認為自己得到的一切都是應該的。」

我分析約翰爸爸的用意給兒子聽，兒子對我說：「媽媽，我相信約翰今後一定會好好經營他們家的財富，因為他爸爸對他的鍛鍊是鼓勵他自己去奮鬥，而不是坐享其成。」

我很高興才上初中的兒子能悟出這個道理，這個領悟也成了他日後發奮努力的原因。連富小孩都從小瞭解社會、體驗艱苦、學習堅強和成熟，普通人家的孩子是不是更應該早點知道要努力奮鬥？

在猶太父母看來，優越的家庭條件並不一定是好事，再富也不能慣壞孩子。正像我們華人的一句老話：「艱難困苦，玉汝于成。」（要想成就大器，必須經過艱難困苦的磨練。）

猶太家長經常跟孩子溝通、對話，他們會傾聽孩子對延遲享受的理解，並讓孩子知道：你喜歡玩，就必須賺取自由時間，但這需要你接受良好的學校教育並獲得優秀的學業成績。此後，你可以找到很好的工作，等賺到錢以後，你就可以玩更長的時間，擁有更昂貴的玩具。但是，如果你搞錯了順序，整個系統就不會正常運作，那你就只能玩很短的時間，最後只能擁有一些最終會壞掉的便宜玩具，然後一輩子得更努力地工作，沒有玩具、沒有快樂。

猶太父母這樣做

不讓孩子不勞而獲，想要的享受，都靠自己去獲得

——讓孩子學會把欲望轉化為做事的動力

在上海的時候，輝輝從沒去過滑雪場。來以色列之後，我們家住在以色列和黎巴嫩的邊境，那裡有以色列唯一的一座滑雪場。

寒假到了，輝輝跟我說想去滑雪場玩，「媽媽，再不去的話，滑雪場的雪就要融化了。」輝輝恨不得裝上翅膀，飛到雪山上去。

我其實很願意讓孩子去滑雪場玩，因為那裡別致的景色，可以開拓孩子的視野和胸懷。當時，我們家的經濟狀況已經稍微好轉，完全有能力負擔這種小娛樂。不過，我還是故意「刁難」了他一下：「輝輝，你很想去是嗎？」

「是的！」

「那你願意去那邊打幾天工，賺取滑雪的錢嗎？」

「沒問題！」

我從家裡開車送輝輝去滑雪場，大概開了半個多小時，天氣很冷，我有點猶豫：雖然已經給輝輝準備了厚厚的手套，但他能堅持嗎？但是，輝輝表示他沒問題，要我放心。

幾天後，我去探望他，還幫他拍下嚮往已久的雪地風景。

「媽媽，我看到美麗的雪山啦！」輝輝的鼻頭凍得紅紅的，他在滑雪場裡負責的工作其實不輕鬆。儘管有打掃房間之類的輕鬆工作，他還是拒絕了，因為如果在室內工作，他就看不見迷戀的雪山了。

輝輝用勞動換來了滑雪場的享受，覺得特別值得。而且，滑雪場裡有很多成功人士前來度假，這些人用勤奮和努力換取了片刻的人生享受，無疑的也激勵了輝輝。他體會到：靠自己的雙手去獲得的快樂，才是真正的愜意。別怕自己的這雙手小，只要你用它努力耕耘，這雙手將變得愈來愈有力量，會為你捎來夢想，總有一天，你將能享受到豐收的果實。

「延遲滿足」的教育方式不僅讓孩子學會了付出才能得到的道理，又能把孩子想得到的事物轉化為做事的動力。

猶太家長經常跟孩子對話，傾聽孩子對延遲享受的理解，並讓孩子知道：你喜歡玩，就必須賺取自由時間，但這需要你接受良好的教育。

適時裝窮藏富，創造「匱乏」的環境訓練孩子

華人父母都聽過這句話——「再窮不能窮教育，再苦不能苦孩子。」然而，背離這句話初衷的，恰恰也是父母自己。現在不少家長抱怨孩子不體諒父母，但家長們是否想過，當你在為孩子付出的時候，有沒有教會孩子體諒生活的艱辛？

在華人的富裕家庭裡，父母對孩子百依百順，要什麼就給什麼。孩子看上一個PSP或iPad，家長不買他就賴著不走，最後沒辦法只能買給他，這無疑是孩子「綁架」了父母。有的爸媽自己捨不得買名牌，卻毫不吝嗇地滿足孩子的名牌欲，還極盡討好地對孩子說：「寶貝，這是限量版Nike球鞋，看媽媽多愛你。」就連家境普通、甚至經濟拮据的父母，也在超前滿足、即時滿足孩子的欲望。

不同於猶太父母帶領孩子「參觀爸媽的一天」，華人父母總認為家中經濟狀況是大人的隱私，是孩子的禁區。自己是苦是累是委屈，不能讓孩子知道，不能讓孩子有負擔，以免影響他的學習成績。而且，又不能讓孩子在食衣住行上比同學差，深怕孩子受人歧視，產生自卑感。父母本著奉獻和犧牲的精神承擔一切，但不清楚家中狀況的孩子，對父母的辛勞習以為常，被超量滿足久了，更會形成錯誤的認知，覺得深愛自己的父母做這些是天經地義的，從而產生理所當然的依賴心理。

我有個朋友談起她的女兒，很是煩惱：「雖然我們家環境還不錯，也一直想教育孩子節儉的觀念，但孩子對理財和節約完全沒有概念。國一住校時，她一星期居然可以花一千五百元（約台幣七千五百元），讓我非常生氣。有一年過年，家裡人來人往，老人家沒想到要鎖門，結果有小偷跑到家裡把女兒的背包偷了，拿了裡面的壓歲錢，把包包丟在樓梯口。雖然好幾百元被偷了，女兒卻一點也不傷心，一副不在乎的樣子，根本就不知道父母賺錢不容易。」

「成由勤儉敗由奢，止奢當自年少始。」雖然現在我們能提供孩子更富足的生活、更舒適的環境，然而過於富裕的生活不會讓孩子成長，反而會消磨孩子的激情、理想和鬥志，正如松樹生長於瘠土，肥沃土壤反而長不出挺拔剛毅的風格一樣。所以，為了實現「望子成龍」、「望女成鳳」的心願，我們可以適時「裝窮」、「藏富」，創造「匱乏」的環境，做孩子的心理訓練師。

天下沒有不愛孩子的父母，但要能控制自己的感情，克制盲目無益的激情和衝動；然而有些父母（尤其是年輕的父母），對待孩子缺乏應有的「分寸」，往往以毫無原則的「超前滿足」、過分的「超量滿足」、姑息遷就的「即時滿足」對待孩子，這樣任其發展，勢必會把孩子慣壞、寵壞。難道這就是父母所期望的嗎？我想應該不是吧！

不過，「延遲滿足」訓練是一種慢功，不能一蹴而就。**父母一定要為孩子留下適應「延遲滿足」的空間，千萬不能「盲目愛起來就什麼都給」、「理智愛起來就什麼都拒**

絕」。「延遲滿足」強調尊重孩子的生命發展及心理成長，同時也考驗父母的心智是否成熟。

訓練孩子延遲滿足的七個技巧

❶ **根據不同的年齡，合理掌握延遲滿足的時間和方式。**針對一至兩歲的寶寶，父母要盡量滿足他們的生理及心理需要。當寶寶無理取鬧時，延遲滿足要以秒計算，最好不超過一分鐘。兩歲以上的寶寶開始出現自我意識，也聽得懂大人講的道理，基本上也明白「等待」的意思。這時，家長要有意識地帶他多體驗。延遲滿足的時間也可以從幾分鐘延長至一兩天。三歲的寶寶更明事理了，延遲滿足便可再增加時間。

❷ **說明延遲滿足的理由。**父母要向孩子說明延遲滿足的理由，讓孩子明確知道父母不能立刻滿足他們的原因。例如孩子想玩鞦韆，父母可以告訴他：「鞦韆是公共玩具，要排隊等候，等輪到你再玩哦。」

❸ **延遲從一分鐘開始。**不要期望孩子一開始就能等二十分鐘，要遵循緩慢漸次遞增原則。最初的延遲時間不要過長，否則會讓孩子灰心喪氣，因而放棄追求目標的信心。

❹ **孩子等待時不要過分關注。**延遲滿足是一種自律行為，可是孩子還小，往往需要通過他律才能做到。隨著年齡增長，也可以讓孩子嘗試自我監督，別讓孩子感覺自己正在「監視」他。

❺ **採用代幣法來延遲滿足。**代幣法也是延遲滿足的好方法之一。等孩子年齡稍大，爸媽可以和孩子約定，如果買新玩具要用平時積累起來的「星星點數」進行交換。「星星點數」是孩子平時表現好時獲得的「獎勵」。一般在孩子積累到五或十次後，就可以滿足自己的需要。孩子每次獲得「獎勵」的過程就是一種等待。

❻ **冷靜對待孩子的哭鬧。**有的孩子較任性，當父母不能即時滿足他們的要求時，會通過哭鬧來與父母抗爭，這時父母一定要冷靜對待，態度堅決。必須讓孩子明白，有些東西並不是想要就可以立刻得到的。當孩子發現哭鬧不能解決問題，就會試著按照父母的意思做，要嘛等待，要嘛通過付出努力得到。

❼ **不吝嗇表揚，盡量滿足孩子的情感需求，讓孩子感受到父母的愛。**當孩子接受延遲滿足時，父母一定要及時稱讚他，以強化孩子的良好行為。當孩子通過幫助父母拖地、洗碗而獲得心儀的玩具時，父母可以表揚孩子是個熱愛勞動的好孩子；當孩子排隊輪流和別的小朋友玩玩具時，父母可以讚美孩子是個懂禮貌的好孩子。透過父母的表揚，孩子覺得自己的努力得到了認可，精神上會感到滿足。

適當不滿足，幫助孩子節制欲望

猶太人認為人的欲望無窮，但能滿足的很少。
他們要孩子從小就懂得：每個人的享樂範圍有限，
即使錢再多，也不買不必要、不適合自己的東西。
若想滿足更加奢侈的願望就必須靠自己的努力。

有一次我在特拉維夫市中心醫院看牙，正好遇到女兒同學的爸爸帶著六歲的小女兒在大廳等候。過了一會兒，女孩吵著要喝飲料。那位父親從身旁的自動販賣機順手扯了一個紙杯，接了一杯自來水遞到孩子手裡。當然，那位父親並不是買不到飲料，自動販賣機正在出售一塊錢一杯的可口可樂和柳橙汁。那麼他很窮嗎？恰恰不是，他在特拉維夫市中心經營一家體育用品公司。

這位爸爸這麼做，到底是出於什麼原因呢？我想，答案應該是普通白開水就可以解渴，沒必要花錢去買。不能從小就給孩子過高的物質享受，這個爸爸的觀念，代表著多數猶太父母的想法。

「適當不滿足」孩子不合理的要求，是一種機會教育

——教孩子分辨「必要」「需要」和「想要」，有效克制欲望

猶太人認為人的欲望無窮，但能滿足的很少。因此，他們要孩子從小就懂得：每個人的享樂範圍有限，花出一塊錢，就要發揮一塊錢百分之百的功效。即使錢再多，也不買不必要、不適合自己的東西。而且，若想滿足更加奢侈的願望、獲得更優越的生活條件，就必須靠自己的努力，不能藉由他人之手。

在猶太父母看來，「適當不滿足」孩子不合理的要求，才是真正愛孩子的表現。一味遷就孩子、滿足孩子，叫作溺愛。溺愛不是愛，是披著「愛」的外衣的「害」。**當孩子提出各種各樣的要求時，家長要根據實際狀況加以應對，若要求不合理，就要學會有效地拒絕。**不假思索地滿足孩子、無法拒絕孩子要求的父母，是不成功的父母。

女兒的舞蹈班裡有個小朋友叫莎莎，家裡很富有，女兒應邀去她家裡玩，回來之後感觸良多地說：「媽媽，莎莎家是大豪宅，家具非常高級。不過，莎莎的房間很小，而且裡面的家具看起來都很舊，也不時髦。」我問為什麼，女兒說莎莎告訴她，她父母非常愛她，會竭盡所能為她提供最好的學習和拓展人生的條件；但是，正因為愛她，才不提供她最優渥的生活條件。因為，她應該、也有能力做到靠自己的努力去獲得。

莎莎的父母對孩子的「適當不滿足」，給了處於兩種家教文化夾縫中的我深刻的啟迪，更堅定了我教養女兒時，要向猶太教養取經的信念。傳統的育兒方式教我們「窮養兒，富養女」。但是，在現今社會，女孩子在成長的過程中同樣也面臨種種磨難，自小在求學的道路上，不會因為你是女性，錄取分數就比男性低，即使只差一分也會面臨名落孫山的遺憾；出社會後，激烈的競爭、無情的對手，絕對不會因為你是女性就手軟，對你網開一面；尤其進入婚姻後，習慣被全盤滿足、五穀不分、不諳世事的大小姐，將怎麼面對真實的人生？

在我和女兒妹妹之間，也有過一些「適當不滿足」的事件，比如紅海度假事件就是其中一件。

二〇〇二年某個學期末，女兒開始放暑假了，我想讓她開開眼界，便帶她參加了一個旅行團，去紅海度假。那時天氣很熱，我有點走不動，就和同團的一些朋友坐在露台乘涼。女兒獨自去了飯店樓下的咖啡廳喝咖啡。

過了一會兒，同團的朋友來到露台和我一起乘涼。她認識妹妹，知道妹妹是我女兒，一看見我，她忍不住跟我說：「哎呀，剛才我在咖啡廳裡喝咖啡，看見你女兒給人家十歐元小費。」飯店的咖啡是十歐元一杯，我不明白女兒怎麼會給跟咖啡錢一樣多的小費。但是，當下我並未多說什麼。

第二天休息時，女兒說還要去咖啡廳喝咖啡。我也悄悄跟去看，這下子我明白是怎麼回事了。

女兒進了咖啡廳，剛一落座，一個非常帥的服務生就走到她旁邊，極其熱情、殷勤地跟她打招呼，還攀談了一會兒。我不動聲色地觀察女兒，發現她臨走時又給了這個服務生十歐元小費。

女兒回到飯店房間後，我沒有板起臉教訓她。女兒已經是青春期了，她在咖啡店的服務生面前，想樹立一個女孩子的修養和尊嚴，我可以理解。

我問女兒：「妹妹，我聽說，你給了咖啡店服務生很多小費？」

女兒不吭氣。我拉著她的小手說：「妹妹，按照慣例，小費是消費價格的百分之十。如果你覺得他們的服務非常周到、熱情，百分之十有點拿不出手，可以再加個一兩元。我們的生活並不是特別富裕，不能這麼浪費啊。一個人的修養和派頭，不是靠小費換來的。媽媽希望你做真正聰明的事情。」

儘管費了這麼多口舌，但是我堅持不生氣、不發火，只是單純讓女兒理解這件事為什麼行不通。拒絕孩子的要求，有時也需要做父母的委曲求全，甚至以退為進，尤其是對待正青春期的孩子。我知道，處於弱勢的孩子此時很容易激動，話如果說重了，就會強化她的叛逆心，那會讓孩子感到委屈。下次再遇到這種事，還會一觸即發。所以，我看著女兒的眼色行事，既尊重了她的情緒，又把拒絕她的道理講清楚，以後盡量不再老調重彈。

拉鋸了一個晚上。第二天，我們去參觀一家有名的飯店。看著飯店奢侈豪華的布置，女兒伏在我的肩頭，悄悄告訴我：「媽媽，等我長大了，自食其力，我也要請媽媽來這樣的飯店。」

「好！媽媽相信會有這麼一天的！」女兒的話像一陣涼風吹進我的心田。對於正值青春期的女孩來說，她能這麼理解媽媽，我真的很欣慰。果然，女兒後來不再提這件事，和我也沒結下心結，而且以後很少提出類似的要求。

也有朋友說，以你們家當時的經濟，在特拉維夫已經開了家賺錢的中餐館，何必和孩子這麼過不去？這樣不會傷害母子的感情嗎？我卻認為，正因為家中經濟好轉，如果教養理念跟不上，一不留神反而會害了孩子。如果我成為一個全盤滿足孩子欲望的母親，養成孩子只會索取、不懂感恩、珍惜的毛病，即使孩子認為我是天底下最愛他的媽媽，那也是我教育的失敗，是「拿愛買錯」。

我和朋友聚在一起時總會聊到自己的孩子。我有個老同學的兒子才十五歲，全身上下都是名牌運動服裝，父母衣著卻相當樸素。有一次我跟他們母子一起逛街。在Nike專賣店裡，她兒子撒嬌說：「我只有穿Nike的鞋，腳才不會痛。」他媽媽馬上對銷售員說：「給我們拿雙最好的。」

父母渴望滿足孩子的愛心無可厚非，但很多教育失敗的例子，都是因為家長太過滿足孩子。他們以為只有滿足孩子的一切願望，才是愛孩子。

在這種錯誤意識的引導下，他們步入了一個錯誤的迴圈：他們滿足孩子的願望、讓孩子高興，但孩子的欲望在增強、膨脹，需要投入更多才能滿足。事實上，過度追求物質享受，反而使孩子深受其害，因為父母從小就灌輸了孩子錯誤的思想，讓他們以為可以一直這樣被無限滿足。這會影響孩子一生對他人、社會和世界的看法。

古語說：「慈母多敗兒。」面對孩子的各種要求，**父母應該懂得判斷，堅決拒絕無理的要求。學會做「好父母」難，學會做「狠心」的好父母更是難上加難。**

猶太父母這樣做

在對的時機，用正確的方式對孩子說「不」

——拒絕孩子的要求時，態度要溫和且堅定，讓他知道爸媽無法答應的理由

人來人往的超市中，孩子賴在糖果櫃前哭鬧不休；親朋好友來家中做客，孩子卻倒在地上撒野……遇到這些情況該怎麼辦？對孩子說「不」是必要的。

現在的孩子大多是獨生子女，父母的縱容和溺愛造就了孩子任性、自我中心。面對孩子愈來愈多的要求和日漸叛逆的性格，捨不得對孩子說「不」成了困擾每個父母的難題。

拒絕孩子的要求，有時也需要做父母的委曲求全，甚至以退為進，尤其是對待正青春期的孩子，要尊重他們的情緒與自尊。

題；然而為了孩子將來能夠順利茁壯、成長，父母捨得說「不」、狠下心說「不」已刻不容緩。

偶爾一次不被滿足、遭受拒絕，孩子很容易鬧情緒，不吃飯、哭鬧都是他們常用的手段。這時候，有些心軟的父母就會向孩子妥協，答應孩子的要求，其實這樣做是非常不可取的，以後要拒絕孩子的難度會更大，久而久之根本就拒絕不了。因此父母必須適時硬起心腸，學會拒絕孩子的不合理要求。

當然，用錯誤的方式說「不」或在錯誤的情境下說「不」，就跟沒說一樣糟。重要的是要知道，該在什麼時候以什麼樣的方式對孩子說「不」。

現在的孩子都有點早熟，很早就學會察言觀色，他們非常清楚父母就是自己最大的依靠。如果父母斷然拒絕孩子，孩子可能會很難接受，覺得父母是不是不愛自己了，這樣會對孩子的心靈產生不好的影響。**我們要設法轉移他的注意力，跟孩子講道理，讓他明白不買給他並不是不愛他，而是要教會他向父母提出要求的方式。要讓他們知道，唯有用請求、商量的方式提出要求，才能得到滿足。**倘若孩子以耍賴、威嚇、哭鬧等方式來要脅父母，父母不僅不可輕易答應，還要耐心教育他。

我始終以「延遲滿足」作為原則教養三個孩子，他們也以同樣的標準相互檢視。先前提到，以華在學校舉辦「走進中國」文化講座，賺了一筆零用錢。後來，他又活用創意陸陸續續獲得不少收入，為弟妹買了各種禮物後，他開始肆無忌憚地追求名牌服飾，看見以華開始渾身名牌，我跟他說了一則「富翁的故事」。

有個富有的員外，過著奢靡的生活，他喜歡吃餃子，卻只喜歡吃肉餡不愛吃皮，家裡的僕人都把吃剩的餃子皮丟到屋外的河流裡。河的下游住著一個窮苦的老和尚，老和尚將從上游流下來的餃子皮撈起來曬乾保存起來。

後來富翁花盡家財，有一天到寺廟乞討，和尚煮了一碗餃子皮做的麵疙瘩給他吃。

「怎麼會有這麼好吃的麵疙瘩？」

「這都是從上游那戶有錢人家流下來的啊！」

這則故事讓以華臉紅了：「我不是那個富翁啊！」我對他揶揄一笑：「以華，我也沒說我就是那個和尚啊！」孩子們正是從「延遲滿足」的教育中，瞭解到財富流轉的規則，在工作中體味到回報與付出成正比的道理。

幼時的這項訓練，為孩子的人生帶來了巨大的精神和物質財富，我想這也是輝輝三十歲之前就成為世界富豪的祕訣之一吧。輝輝常說：「感謝我的母親，用『延遲享受』的觀念來愛我們，要我們把不該花的錢存起來，到了想投資的那天，一打開帳戶就有資本。」

向孩子說「不」時的十個注意事項

❶ **用尊重的態度說「不」**。孩子都有叛逆的一面，硬逼著孩子按照父母的要求去做，即使有天大的理由，他也經常不接受。有時候，面對這些機靈的孩子，父母還是得善用謀略，達到目的。

❷ **必須有正當理由向孩子說「不」，讓孩子明白說「不」的原因**。當你不得不阻止孩子的行為時，要採取體諒的態度，還要心平氣和地耐心引導，讓孩子知道你的拒絕理由何在，這對孩子的成長及個性的建立都至關重要。

❸ **有創意地說「不」，教會孩子懂得辨別表示「停止」的肢體語言**。用變通的辦法說「不」；採用適合該場合、更有針對性的話語來說「不」；提供正面的建議，用有說服力的表達來讓孩子接受你「可以做」的建議，從而緩解「不能做」的命令所帶來的緊張。避免讓孩子動念，比如進商店之前，就應該讓孩子明白你們來這裡是為了買禮物給朋友，而不是要買玩具給他，提前做好準備，讓他從一開始就不動買玩具的念頭。

❹ **拒絕時，不要破壞孩子的情緒**。即使孩子提出了不當的要求，也不應以斥責或打罵的方式拒絕他，這樣會造成孩子內心的陰影，誤以為爸媽不愛自己。應該心平

氣和地說明無法買給他的原因，讓孩子知道爸媽拒絕他不是因為不愛他。

❺ **教會孩子提出要求的方式**。當孩子試圖在大庭廣眾之下以耍賴、哭鬧等方式「威嚇」父母就範時，倘若父母就此屈服，會讓孩子誤以為「愛吵的孩子有糖吃」，從此變本加厲。建議父母此時保持冷靜，轉換孩子的注意力，先將他帶離現場。待孩子心情平靜之後，再藉由親子討論，讓他知道應該以請求、商量的方式提出要求，才能得到滿足。

❻ **切忌隨意說「不」**。父母的拒絕應該有正當理由，不可隨意憑當下情緒拒絕孩子，這樣做會讓孩子的自我意識受到壓抑，還會產生極強的叛逆心態。

❼ **一旦說了「不」，就要堅持下去**。拒絕之後不能出爾反爾，即便發現有不妥，可以之後彌補，但不要當場反悔，特別不要因為孩子撒嬌哭泣就改變決定，這樣做不但會給孩子造成父母言而無信、出爾反爾的印象，影響父母在孩子心目中的威信，同時也使孩子的哭泣得到了「回報」，間接鼓勵了他們的哭泣行為。要記住，堅持原來的決定，就是拒絕讓孩子把「眼淚」當武器最有效的方法。

❽ **不要給孩子太多的資訊或過度的形容，以免造成心理負擔**。在經濟拮据的時候，父母最好別對孩子說這樣的話：「我們家很困難！」父母可以大概告訴孩子：「從這個月開始得節儉一點，因為我們家有更重要的家庭支出計畫。」加薪時，則可以說：「以後我們可以有多一點的錢買書和外出旅遊了，因為爸爸工作努力

獲得更多認可了。」

❾ **拒絕孩子之後，要讓孩子明白什麼是值得擁有的。**爸媽平時就應注重與孩子的情感交流，親子之間培養的信任與親密關係，可以讓孩子相信爸媽之所以拒絕他，都是為了他好，使他們體會父親的慈祥和偉大、母親的關愛與體貼，他們將受用一生。

❿ **在「是」與「不」的平衡中，培養孩子健康、折衷的個性。**父母親把持著原則，以謹慎的態度，面對孩子的每一個要求，可以讓孩子明白事情的道理，例如：錯的事、不合理的要求就應該說「不」、即使是想要的東西，也不應該「不勞而獲」……。學習節制欲望，並將「想要」轉換為努力的動力。

減少過度的保護，孩子成長得更茁壯

寧可粗養，也不要超量滿足孩子，
這是猶太父母見面時百說不厭的話題。
他們藏起一半愛，目的是為了讓孩子長得更茁壯，
而不是禁不起風吹雨打。

這一代的年輕人比起前一代的人，接受教育的機會增加，資源也較多，為什麼問題反而更多，不如以前多子家庭中長大的孩子。

有人形容，這一代的年輕人是「草莓族」，看起來色彩鮮豔，外表有顆粒疙瘩、挺有個性，裡面卻蒼白綿軟，稍一施壓就變成一團稀泥。

「草莓族」為什麼會出現？是誰給了「草莓族」成長的溫床？深究其原因，我認為家庭教育難辭其咎。

在少子化的影響下，家長將所有期望寄託在孩子身上，情不自禁要給孩子過度的照顧和保護，但這種「超量滿足」卻剝奪孩子獲取生活知識、生存技能的權利和機會。

寧可粗養，也不超量滿足孩子

——不提供過度精細的照顧，是為了讓孩子更茁壯，禁得起風吹雨打

剛到以色列時，我把女兒送進幼稚園，為了深入瞭解以色列幼稚園流行的「生存教育」，我特地到幼稚園參觀。女兒就讀的幼稚園室外有大片的活動場地，像是草地、沙地等，卻沒看到常見的PU塑膠地板。孩子們在戶外活動時膽子很大，登梯爬高一點都不怕。老師們則站在遠處觀察，不怎麼干涉。

我發現天氣雖然寒冷，在室外玩耍的孩子頂多穿一件毛衣，沒人穿外套或羽絨衣。看到我大驚小怪的模樣，陪同的老師解釋：「幼兒應該比大人少穿點衣服。他們精力旺盛，幾乎可以『發電』了。活動量大容易出汗，穿多了反而容易感冒，臃腫的服裝還會影響他們的活動靈活性。猶太人把孩子看成一粒種子，禁不起擠壓和挫折，就不能茁壯成長。用過於嬌氣的方式栽培，培育不出好種子。」

說到減少對孩子的「超量滿足」，我不禁想起一位以色列朋友。我們家從謝莫納鎮搬家到特拉維夫，便是先在這位朋友家落腳。他算是特拉維夫的富翁，獨自經營一家報社，事業很成功。寄住在他們家的那個禮拜，我感觸良多，這位父親對公益事業慷慨解囊，對貧困孩子非常疼惜，但是，他對自己的兩個孩子卻一點也不心疼。

當時正值暑假，特拉維夫的太陽曬得人發昏，陽光照在皮膚上就像針刺一樣。讓人意想不到的是，在這炎炎烈日下，他的兩個孩子還要騎自行車挨家挨戶去送報。家裡有個開報社的爸爸，十幾歲的兒子還要風吹日曬地送報紙，實在很難想像。不僅送報紙，他們下午還要去販售點負責零售，即使遇見翻完報紙不掏錢的顧客，也要笑臉迎人。忙完一天，孩子傍晚才能回家，小臉蛋曬得又黑又亮，不過他們看起來過得很充實。看著孩子興致勃勃完成這些任務，這位父親感到很驕傲：「送這麼多報紙不容易，很早就得起床，無論颳風下雨都要去，可孩子們從來沒有耽誤過。他們總有一天要去更廣闊的天地闖蕩，為了他們將來能面對挫折，一定要培養他們適應環境的能力。」

以華和輝輝在這種教養氛圍中長大，對他們的性格產生了深刻的影響，養成了不給大人壓力的習慣。偶爾身體有個不適，他們還會勸我不要太擔心。來到以色列後，我常常感覺，很多時候都是孩子在照顧我。

以華和輝輝的房間裡，總是放著體溫計。剛到以色列時，我就跟孩子說：「以色列的雨季特別長，如果覺得身體不舒服，一定要告訴媽媽。因為，車子壞了要修，椅子壞了要扔，人有病了一定要及早發現、及早治療。」孩子們很懂事，非常會照顧自己。一旦

猶太人把孩子看成一粒種子，禁不起擠壓和挫折，就不能茁壯成長。用過於嬌氣的方式栽培，培育不出好種子。

發現身體有點熱，就先自己量體溫，然後告訴我：

「媽媽，我有點發燒，三十七度多，我今天想吃點稀飯和醬菜，再吃個退燒藥。」

以色列沒有醬菜，我就把包心菜的菜心用鹽醃好，用磚一壓，好了以後再放點麻油，做成醬菜。如果體溫沒有超過三十八度半，我就讓孩子吃退燒藥，喝大量開水，讓他們多出點汗。

輝輝愛踢球，總是摔傷膝蓋，我告訴他，要有男孩子勇敢的樣子。每次摔傷，若不太嚴重，我就用鹽水替他在傷口處消炎，再灑上紅藥水，讓傷口自然風乾就好了。看到兒子的膝蓋摔傷，我當然很心疼，可是我沒有把情緒表現出來，因為那樣會不知不覺地影響孩子，讓他們變得敏感，不能吃一點苦頭。我要以勇敢的姿態和積極的情緒面對挫折，展示給孩子看，藉此暗示孩子，為他們樹立面對小疼小痛的榜樣。我藏起一半愛，目的是為了讓孩子長得更茁壯，而不是禁不起風吹雨打。

寧可粗養，也不要超量滿足孩子，這是猶太父母見面時百說不厭的話題。反觀華人父母，對孩子「超量滿足」是常見的現象。前不久，我搭計程車，司機見我招手，把車停下來，先搖下車窗問我要去哪裡，知道跟他要去的方向順路後，才打開車門讓我搭乘。

我問：「你是等著要交班嗎？」

「不是，我趕著去接孩子。」司機對我說。

「小學幾年級啊？」

「讀國中啦！」

「這麼大的孩子還要接送啊？」

「沒辦法啊，孩子說搭公車費時又辛苦。他上學本來就累，睡眠不夠。」

「那你這樣來回趕不也同樣辛苦？而且又耽誤了做生意賺錢。」

司機面露苦笑，搖搖頭說：「我就這麼一個孩子，捨不得他受苦，做父母的只好辛苦點啦！」

對父母來說，最不堪承受的就是看見孩子吃苦。可是，人生哪能一帆風順，孩子總是要走向社會，如果他習慣了你的「超量滿足」，習慣了你服侍公主、王子的老奴才式服務，一旦遇上挫折，就特別容易措手不及。

隔代教養「愛氾濫」，爺爺奶奶要愛就要狠下心

被超量滿足的孩子，受到爸媽的溺愛，爺爺奶奶、外公外婆的疼愛，備受關注的同時，優越感和自尊心也愈來愈強，更不容許他人打破這種優越感，因此，給予他們的滿足稍微欠缺一點時，他們往往不能正確地理解和接受，常會覺得自己受了委屈，從而採取自我防衛機制來加以抵制和抗議。

都說教養是一門藝術，為什麼不叫技術，而叫藝術呢？我想是因為教養是一種只可意

會、不可言傳的境界。教養過程是沒辦法量化的，其中最不好掌握的就是情緒。我對自己的三個孩子，可以做到「藏起來一半愛」，避免「超量滿足」。但對待孫女，就完全是相反的面貌了。

輝輝的女兒貝貝一生病，我就會急得不得了。比如貝貝一咳嗽，我就馬上帶她去醫院掛急診。接著馬不停蹄回家熬中藥，一邊給小孫女說故事，一邊哄著她喝中藥。倒是做爸爸的輝輝不以為意，多年來耳濡目染猶太教養，他深深認同「生存能力從小學起」，他的經濟狀況很好，仍堅持再富也不能富孩子。看到女兒咳嗽了，他就說：「咳嗽、發燒，都是感冒的過程，不用太著急。」

所以，我想告訴天底下的爺爺奶奶，盡量別干涉隔代的孫子教養，因為我們帶不好。爺爺奶奶對隔代的孫兒有太多的愧疚，太多的寵愛，太多的血肉情緣，太多赴湯蹈火的愛。所以，我們盡量少帶，盡量別「害」孫兒。

猶太父母這樣做

一定要對孩子說「不」的五種情況

❶做危險事情的時候。防患於未然是最保險的，要堅決制止孩子把手伸進插座、玩火柴等危險行為，更不能任由孩子趴在陽台上開著的窗戶上，讓身子往外探。一旦發現孩子這樣做，成人絕對不能姑息縱容，要立即果斷地說「不可以」。

❷ **逾越規矩時**。孩子需要規矩，限定什麼是孩子必須遵守的規則，讓他懂得哪些是他不能控制和違反的。如果他想違反，爸媽可以理所當然地向他說「不」！這樣既能讓孩子明白是非對錯的觀念，還可以培養孩子自我約束和控制的能力。

❸ **威脅到自己或他人的安全時**。只要大人不順從孩子的心意，就會動手掐人，甚至咬人，這是幼兒最初的反抗和對他人身體的攻擊。此時，爸媽要緊握住孩子的手，告訴他「不行」。

❹ **推卸責任時**。當孩子為了逃避懲罰而推卸責任，甚至說謊話時，家長要對這種行為說「不」，拒絕讓孩子推卸責任，告訴他這種做法是錯的，每個人都要對自己的行為負責。

❺ **早期孩子表現出任性的時候**。一般在三到五歲開始，父母就要對孩子的無理要求說「不」。父母若在六歲之前（最晚別超過十歲）對孩子說「不」，儘管他會因為你的拒絕而感到痛苦，但最多也就是痛哭一番。若等他十二到十四歲之後再對他說「不」，他已經有了對付「不」的各種能力和選擇，這時要矯正也就來不及了。

稱讚孩子的同時，也要培養他的逆境智商

沒有人是永遠的贏家，
父母應該在日常教育中盡可能讓孩子體驗成功，建立自信，
但同時一定要讓孩子明白，失敗在生活中也是不可避免的，
遇到失敗要學會勇敢面對。

之前，富士康員工接連幾次跳樓事件，在社會上引發很大的討論，除了薪資問題，這樁新聞事件也引發我們對「八〇後、九〇後」抗壓性的反思。

不只是富士康員工，還有些名校博士生、碩士生，因為讀書、就業、社交遇到挫折想不開就走上絕路，這不是EQ不夠引起的，而是「逆境智商」（AQ，指人們面對逆境時的反應方式，即面對挫折、擺脫困境和超越困難的能力）不夠的表現。

逆境智商是父母把孩子推向社會之前，必須傳授的最重要的一課。逆境智商就像是一套自我療傷機制、一門防守反擊的技術，不具備這套機制，你就輸不起，輸不起的人又怎麼有資格贏呢？

猶太人認為懂得面對失敗，才有贏的資格

除了IQ、EQ之外，逆境智商是以色列教育專家非常推崇的一個概念，他們甚至斷言，100％成功＝20％IQ＋80％（AQ＋EQ）。以色列商業雜誌每年都會報導當年最偉大的東山再起者和創業者，他們的傳奇經歷中有一個相同的部分，那就是他們在遇到強大的困難和逆境時，始終保持樂觀的態度，從不輕言放棄。也就是說，他們都具有高逆境智商。

猶太父母很重視從小培養孩子的逆境智商，甚至有些教育機構還會專門提供逆境智商測驗，一般會考察以下四個關鍵因素：控制（Control）、歸屬（Ownership）、延伸（Reach）和忍耐（Endurance）。比如控制感弱的孩子在測試中經常說：「我無能為力。」控制感強的孩子則會說：「雖然很難，但這不算什麼，一定有辦法。」有專家對參加逆境智商測驗的孩子進行追蹤研究，發現：高逆境智商的孩子長大後，往往能夠清楚認識讓自己陷入逆境的原因，並甘願承擔一切責任，因此能夠及時採取有效行動，痛定思痛，從跌倒處爬起。

身為父母，我知道賞識教育（賞識教育就是充分肯定孩子，通過心理暗示，不斷培養孩子的自尊心和自信心，從而使其不僅有勇於進取的信心，也能有不斷進取的動力）能幫助孩子樹立信心，但挫折教育讓孩子贏得起、更輸得起，敢於坦然接受失敗，並從中得到經驗和教訓，避

免因為失敗而挫傷自信，一蹶不振。

許多孩子從幼兒時期開始，就是在家長的賞識，甚至誇耀中長大的，他們往往會過度關注自我，並堅定地認為自己就是最聰明和最完美的，以為自己什麼都比別人強，這是十分正常的。但這種現象如果沒有加以正確引導，也會對孩子造成不良影響，甚至形成自私、乃至自戀的性格，為孩子日後的生活留下陰影。

我想起親戚家的小孫女，從小就是班上的幹部，自我要求嚴格。如果考試沒進入前三名，她就更用功，下次一定要考第一名才滿意。但是，她就是受不了批評，有次上課回答問題答錯了，老師指出她的錯誤，結果她當場就哭了。贏得起、輸不起，面對榮譽心安理得，遭遇挫折不堪一擊。**沒有人是永遠的贏家，身為家長，應該在日常教育中盡可能讓孩子體驗成功，建立自信，但同時一定要讓孩子明白，失敗在生活中也是不可避免的，遇到失敗要學會勇敢面對。**猶太人把人的命運形容成湍急河流上的一葉扁舟，而逆境智商就是每個人手中的槳，可以使你抵達光輝的彼岸，也可以使你隨波逐流。

猶太父母
這樣做

孩子面臨挫折時，不火上澆油，陪他走出沮喪的低谷

我的孩子也曾面對過許多意想不到的失敗，如果他們逆境智商低，沉浸在抱怨中，走不出低谷，就不會取得現在的成就。比如輝輝，他曾在一家國外公司工作，管理公司在

中國的市場業務，工作內容很多。正好公司聘了個畢業生，輝輝就一手調教他，教給對方各種鑽石鑑定知識，也是為了減輕自己的工作負擔。

沒想到，這個新人短短一年就取代了輝輝。

「你怎麼可以過河拆橋呢？」輝輝很不能諒解。「人為財死，鳥為食亡，我建議你以後多看看厚黑學。」取代輝輝的人給了他當頭一棒。

輝輝一肚子委屈，跟我說：「媽媽，我反覆想了想，我真的沒做錯什麼，為什麼會這樣呢？我小時候，你怎麼就沒教我厚黑學呢？」這個挫折讓他陷入自我懷疑、完全喪失自信。我告訴他：「媽媽不後悔沒教你厚黑學，因為人總是要回到最原始、最真誠的狀態。」

但是，年輕人哪這麼容易就從失敗的陰影中走出來？記得當時整整一個月，輝輝在家裡的客廳裡，從這頭走到那頭，又從那頭走到這頭。

我說：「孩子，你坐下來吧，媽媽看你走得頭都暈了。」

好不容易讓他坐下來，我剛把電視打開，輝輝就把電視關掉。「媽媽，陪我說說話。」善良的母親此時千萬不能火上澆油，我等著輝輝把他心中的鬱悶發洩出來，再來開導他。「你想聊聊那個失敗嗎？」我輕描淡寫地對輝輝說。

輝輝一臉委屈：「我就是想不通，那個人怎能對我說：『人為財死，鳥為食亡』，還要我看厚黑學。」

「難道只有你能『熙熙攘攘為財來，熙熙攘攘為利往』，人家就不能這樣做嗎？」雖然我明白，有時他人的不義之舉，會害你付出原本不應付出的代價，但是人不能冤冤相報。做人留一線，日後好見面。我希望兒子可以用慷慨換來更多的繁榮，而不是以犧牲自己的品德作為代價。

「媽媽知道你很失落，但是孩子，你要輸得起。不要對自己失望，更別擔心媽媽會對你失望。媽媽年輕時也遇過很多委屈，但人生的困擾與煩惱，主要是來自自己。視野要看得遠一點，要考慮大局，別自視太高；否則滿腹的牢騷，只會傷害自己的身體。

看到輝輝仍然有點灰心，我告訴他一則從書上看來的故事：

有個女兒向父親抱怨，她所遇到的每件事都不如人意，她已經厭倦奮鬥，不知該如何應付。

父親是位廚師，他把女兒帶進廚房，拿出三樣東西，一根胡蘿蔔，一顆雞蛋，還有一袋咖啡。他將三樣東西分別放進三個鍋子，倒上水，放在爐子上燒。

十分鐘後，父親關火，撈出胡蘿蔔、雞蛋，又把咖啡倒進杯子裡。然後，轉身問女兒：「孩子，你看見了什麼？」

「胡蘿蔔、雞蛋、咖啡。」女兒不明白父親的葫蘆裡在賣什麼藥。

父親讓女兒先去摸胡蘿蔔，再拿起雞蛋，把蛋殼剝掉，最後，他讓女兒品嘗了咖啡。看到女兒一臉迷惑，父親如此解釋：

「胡蘿蔔、雞蛋、咖啡，三樣東西面臨同樣的逆境，被放進開水中，反應卻各不相同。胡蘿蔔由強壯、結實變為又軟又弱；雞蛋從易碎物變成堅硬、實心；咖啡豆更妙，反倒和水融為一體。哪個是你呢？當不如意的事情來臨時，你是想做胡蘿蔔，還是想做雞蛋，或者是咖啡呢？」

人生不如意十常八九，前進的路沒有一帆風順的，一個人在逆境時的態度，往往決定了他人生的大方向。我對輝輝說：「人生永遠有兩個機會。任何事都有可能朝兩個方面發展，也可能出現完全不同的結果，但即使最差的結果中也蘊藏著希望，如同最好的選擇也可能帶來災難一樣。用古老的中國哲學來解釋，就是無常，塞翁失馬，焉知非福。」

感謝兒子，他沒有沉浸在抱怨中，他重新埋頭做事，開創自己在中國的鑽石零售業務。隨著國內鑽石消費的異軍突起，輝輝的事業也走向另一個高峰。他的成長，我至今歷歷在目。許多人的成功和進步，並不是因為他們經歷的逆境少，而是恰恰相反，事實

高逆境智商的孩子長大後，往往能夠清楚認識到讓自己陷入逆境的原因，並甘願承擔責任，及時採取有效行動，從跌倒處爬起。

上，許多成功者正是在逆境、困難的磨練中成長起來的。**成功者瞭解逆境是生活的一部分，逃避逆境等於逃避生活，只有提高逆境智商，才能在生活的風浪中如魚得水。**

我有個朋友是老師，去年她帶的班上有個男生特別調皮、好動，上課愛講話，喜歡惡作劇，她耐心地開導過他，可是成效不大。有次上課時，那位同學偷偷用鉛筆盒夾住前面女生的辮子，女孩疼得大叫，她就嚴厲地罵了那位同學，並要他向女同學道歉，結果他絲毫沒有道歉的意思，只是倔強地看著老師。為了不影響上課，這件事暫時先擱置下來。沒想到隔天早上，男生的家長打電話來說，孩子從昨天晚上到今天早上都在賭氣，沒吃一口飯，也不願意上學，希望老師能勸導他。

老師的批評竟引來如此結果，長期在眾口說是的賞識環境中長大的孩子，自我評價相對較高，受挫後因自尊受到衝擊，產生了極端的反應。**我們常希望老師提高師德，其實，不只是老師教育學生的方法需要與時俱進，孩子的逆境智商也要增強。**

在日常生活中，來自父母和親友的正面肯定，無疑有助於孩子克服自卑、建立自信。但假如孩子在校園中感受到強烈的優越感，甚至出現自負傾向時，父母就應該未雨綢繆，適時向孩子說「不」，為孩子增設逆境智商教育，反而能讓他們日後的人生路更加順遂。畢竟，孩子長大了難免還會遇到很多不如意的事情，習慣家人事事哄著，他又怎麼有能力面對未來？

有些家長在教養上特別受不了挫折，孩子碰到一點困難，家長比孩子還焦慮不安。這種情緒會在不知不覺中影響孩子，使他們變得敏感、輸不起，這是家長暗示的結果。尤其是持有「孔雀心態」的孩子，在父母的羽翼下，走慣平坦路、聽慣順耳話、做慣順心事，遭遇挫折時輸不起，針對他們的逆境智商培養更是事不宜遲。

猶太父母這樣做

鍛鍊孩子「逆境智商」的八個心法

❶ **幫助孩子正確認識「挫折」。**父母可以引導孩子閱讀偉人傳記，讀得多了，他們就知道人生就是不斷戰勝困難和挫折的過程。和偉人比起來，他們遇到的困難和挫折實在算不了什麼。偉人是在海洋中與大風大浪搏鬥，而他們的挫折，只是在公園裡划船時遇到的一點小浪。

❷ **適當設置一些困難，讓孩子體驗挫折。**我會故意「藏起一隻手」，讓孩子在莽撞中吃點「苦頭」，切身體驗一下。小時候，我常帶著三個孩子一起玩遊戲，不讓著他們，讓孩子知道有輸有贏很正常，可以鍛鍊承受隨著失敗而來的心理壓力。

❸ **教會孩子對待挫折的方法，一起分析失敗原因。**我經常與孩子聊聊：「某某小朋友有什麼優點？」「你可以從他身上學到什麼長處？」這是認可別人、接納別人的EQ教育，對於輸不起的孩子更要加強這方面的薰陶，鼓勵孩子戰勝自己。教

養不是把「挫敗別人」當成目標，而是把自己作為競爭對手，今天的我要勝過昨天的我，讓孩子為了不輸給自己而努力。

❹**為孩子提供獲得成功的機會**。要讓孩子掌握基本的知識和技能，因為知識和技能的匱乏常是孩子產生挫敗感的原因。如果孩子是這種情況，家長應該一步步引導他學習，讓他產生成就感，建立自信。

❺**合理運用心理防衛機制**。有些挫折的原因無法靠個人的努力克服、迴避。面對這種挫折，我們要教孩子合理運用心理防衛機制，維持健康的心理。比如孩子長得黑、受人嘲笑，家長就可以安慰孩子：「皮膚黑看起來更健康呀，我覺得你很可愛。」

❻**讓孩子瞭解挫折和成功的關係**。遇到挫折並不意味失敗，沒有挫折也不一定就是成功，教會孩子正確面對成功與失敗。

❼**常跟孩子分享自己成功與失敗的經驗，讓他們知道即使是父母，也有失敗的時候**。爸媽別總是覺得孩子還小，聽不懂太難的道理。和孩子討論自己處理失敗的方式及心路歷程，會讓孩子更瞭解父母，也更能思考成功與失敗的意義。

❽**刻意培養孩子面對逆境的方法**。若孩子一時無法擺脫困境，可以教孩子學會忍耐，或在逆境降臨之時尋求其他精神寄託，如參加運動、遊戲、聊天等活動。

磨難教育的用心——鍛鍊忍耐力和意志力

在以色列，不論是富裕家庭還是普通家庭，都不會寵小孩，反而會刻意「創造」一些艱苦的環境，讓孩子在其中遭受些人為的艱難，磨練他們的意志，以便在日後的生活中適應突如其來的風暴。

猶太父母覺得，即使生活環境條件佳，也要創造艱苦的環境，讓孩子體驗什麼是苦難，什麼是汗水，什麼才是生活的真諦。

猶太人的三大節日是逾越節、五旬節和住棚節。**和多數民族將勝利、喜慶作為節日不同，猶太人最盛大的節日是紀念苦難的日子**。以逾越節為例，節期舉行為時數日的繁複收割儀式，父母會講述歷史來讓孩子緬懷苦難，培養意志。宴會上擺有嫩芫荽，象徵春天萬物成長的希望；鹽水象徵猶太人被壓迫的淚水，苦菜代表奴役的苦楚，無酵餅（Matza，一種完全未發酵，只用麵粉和水做成的麵餅）則是祖先們尋找自由時吃過的食品。女兒在以色列第一次遇上最盛大的節日「逾越節」，學校也發了這種很難吃的麵包和很苦的菜葉。老師還在這天說了一些比較深刻的道理給他們聽。

猶太父母這樣做

刻意創造艱苦的環境，去除孩子的嬌氣

在以色列，不論是富裕家庭還是普通家庭，都不會寵小孩，反而會刻意「創造」一些艱苦的環境，讓孩子在其中遭受些人為的艱難，磨練他們的意志，以便在日後的生活中適應突如其來的風暴。

以色列的富爸爸還會煞費苦心把孩子送到貴族學校接受意志教育。這些學校和華人社會養尊處優的貴族學校有天壤之別。學校不提供錦衣玉食，給孩子們吃的是營養的粗茶淡飯。宿舍裡，男孩被要求洗冷水浴，也不准蓋太厚或過暖的棉被。天氣愈是惡劣，老師愈會故意帶著孩子去操場上鍛鍊。**富爸爸的目的就是希望孩子通過環境的磨練，除去嬌氣，以能吃苦為榮，以意志堅定為高尚，學會適應現實生活的本領。**

猶太父母的這些做法，孩子長大後將受益匪淺，之後會深深感謝父母的良苦用心。所以，有過這種經歷的孩子在成人後也會這樣要求自己的孩子，如此形成了傳統，成為猶太家庭教育的固定模式。

猶太父母這樣做

鍛鍊意志與毅力，女孩也要服兵役！

服兵役也是以色列孩子接受生存教育的好機會。以色列實行普遍義務兵役制，凡年滿十八至二十九歲的男性公民、十八至二十四歲的女性公民，無特殊情況，都應該服現役。二〇〇九年，我的小女兒開始服兵役，這是對她進行意志教育的好時機。女兒在經濟條件寬裕的環境下長大，加上兩個哥哥對她的寵愛和遷就，她身上偶爾也會出現「草莓族」的特點。即使我再三提醒，由於缺乏具體的生活情境，她總是一笑而過。去服兵役，正好可以讓我平時的理論教育轉化成實踐。

女兒集訓的那個月，正好下著傾盆大雨，她住在野外帳篷裡，早上起來，整個人都濕答答的，還有蟲子爬到她臉上。女兒向我抱怨：「媽媽，我怎麼這麼倒楣，當兵抽籤，竟然抽到情報部，把我丟在這個鳥地方。我再也不要當兵了。」

屋漏偏逢連夜雨，妹妹愈是怕苦，碰到的麻煩就愈多。

她去兵營報到的前一天晚上，不好好準備，光顧著抱怨，結果沒帶到被套，但以色列兵營是不準備被套的，要求學員要自己帶。妹妹一到兵營，看到別人都準備了被套，她就想要回家拿。但是軍中不允許，她向教官報告：「報告！我有很多東西沒帶，想回家去拿。」教官直接回覆她：「出去！」

結果女兒打電話給我抱怨：「媽媽，我什麼也沒有帶，被套沒帶，內衣也沒有多帶。我再多問教官，她就要關我禁閉。」

心軟的母親，若在這時鬆口，孩子就會更心疼自己。果然，我一搭話，妹妹就號啕大哭。後來我說：「妹妹，你覺得教官不近人情，覺得睡帳篷很苦，這些你能承受嗎？如果可以，就撐過去。不能承受時，你就咬咬牙忍住，成功和失敗就在那一瞬間。軍隊生活會讓你變得堅強，會教給你媽媽也不懂得的東西。媽媽相信你，媽媽就在你的身邊。」以色列的隨軍心理醫生也會對女兒這種新兵進行很多心理輔導，但可不會因為這樣就放你一馬，反而會向抱怨的兵士說：「你今天可以休息，但請你明天再來。」

剛開始，妹妹的想法還是轉不過來，我一接她的電話，她就一把鼻涕一把淚。後來我想，我能為她擦一次眼淚，卻無法為她擦一輩子眼淚。我說：「妹妹，如果你還是要抱怨睡帳篷很苦的話，媽媽就不能再接你的電話了。」但同時，我也和教官進行了溝通，我說：「您好！謝謝你們，把她送到野外去鍛鍊，雖然我的女兒覺得自己吃不了這個苦，但是我做家長的不會放棄，我們一起努力吧。」

女兒服兵役一年多後，她從一個愛哭愛抱怨的女孩，變得愈來愈有抗壓性和忍耐力。後來她從以色列打了國際長途電話給我：「媽媽，上海世博會是不是五月舉行？」

「怎麼了？」

「媽媽，我想去上海世博會做義工。」不管女兒的理由是什麼，她透過電話傳達的優美語言、溫暖的溝通，都讓我這個做媽媽的深感欣慰。

生存，絕不僅僅是知識和智慧的較量，更多的是意志、韌性和毅力的較量。**猶太父母認為，孩子如果在少年時期接受預防性的生存教育，就比較有能力開拓寬闊的人生境**

界；若不曾接受這樣的訓練，長大後一旦遇到挫折，就容易爆發「人生危機」。

考試有助鍛鍊孩子的生存韌性

很多孩子不喜歡讀書，任性、不投入，往往跟缺乏意志教育有關。考試制度最能考驗孩子的意志，考試科目的設置和題目安排只能從選拔的需要出發，不能完全從孩子的興趣出發，而絕大多數孩子很難對所有考試科目都感興趣，沒有興趣的話該怎麼辦？這時就看意志力了。不難發現，在考試中脫穎而出的孩子，不管是不是填鴨式學習，毫無例外都是意志比較堅強的孩子。正因為他們能忍耐、克服、堅持，才能考上好學校。反之，也有很多孩子智商很高，但學習上任性、不投入、講條件、怕吃苦、沒耐性，結果成績不佳，而這也恰恰是意志薄弱的典型表現。

日本人把做學問稱作「勉強」，意為強制性地激勵自己，避免產生懶惰的情緒，並努力習得一技之長。**猶太人把學習稱作「重複」，從字面上看，意思是親自讀、說、聽，多次練習，最終將文章內容全部記住，其實背後反映的就是一個真理：生存韌性。**這種在以色列，不論是富裕家庭還是普通家庭，都不會寵小孩，反而會刻意「創造」一些艱苦的環境，磨練他們的意志。

韌性在猶太孩子當中普遍存在。

安妮的故事在以色列家喻戶曉，是培養孩子忍耐力的典範。「二戰」中，安妮長時間躲在狹小擁擠的暗室內，暗無天日那麼久，這個女孩是怎麼堅持下來的？直到發現她的日記後，我們才知道，原來她在逆境中為自己寫下許多勵志話語：「我覺得我一定可以堅持到底。」難道只有像安妮這樣的少數人，才有如此堅毅的意志嗎？不。**意志力是每個孩子都具備的內在力量，每一個身心健康的孩子都有這種基本特質，並非少數孩子的天賦。至於能不能激發出來，就要看家長的教養理念和方式。**

也許是過去的歷史災難讓猶太民族始終不忘過去，才能以罕見的勇氣和毅力，在資源缺乏，環境惡劣的沙艙地上、在戰火連綿的時代中建立起美麗的家園，並且人才輩出，各領域菁英遍布世界。

在未來的世界，隨著經濟的發達，人的行為、思想、情感都會發生巨大的變化。在這樣一個社會，父母一定要未雨綢繆。今日你可以給孩子錦衣玉食，可以超前滿足、超量滿足、即時滿足他的一切要求，但十年、十五年之後，他就必須走向人盡其能、物競天擇、適者生存的社會。如果你的孩子被你的愛延誤了，未能即時培養出必要的生存能力，將來他就會碰到很多問題，完全不符合你的預期。身為家長，要清楚認識到這一點，不要生活在今日，只顧享受其樂融融的現況，而忘了未來社會的變化。

診斷孩子的意志力

以下的測驗有二十道題目，每題有五個答案，請根據孩子的實際情況選擇一種（不複選）。

自我評量項目說明	很同意（常有）	比較同意（較常有）	說不準（時有時無）	不太同意（較少）	不同意（沒有）
❶ 我很喜歡長跑、長途旅行、爬山等運動，但並不是因為我的體能條件適合，而是這些運動能鍛鍊我的意志力。					
❷ 我為自己訂下的計畫常因為主觀因素，無法如期完成。					
❸ 若無特殊原因，我要每天按時起床，不睡懶覺。					
❹ 訂下計畫應有一定的靈活性，如果完成計畫有困難，隨時可以改變或撤銷。					
❺ 在學習和娛樂發生衝突時，哪怕娛樂很有吸引力，我也會馬上決定去學習。					
❻ 學習中遇到困難時，最好的辦法是立即向師長或同學求援。					
❼ 長跑中覺得跑不動時，我常常咬緊牙關，堅持到底。					
❽ 我常因讀一本引人入勝的小說而不能按時睡覺。					
❾ 我在做一件該做的事之前，常會想到做與不做的不同結果，而有目的地去做。					

題目					
❿ 如果對一件事不感興趣，那麼不管是什麼事，我都不會太積極。					
⓫ 當我同時面臨一件該做的事和一件不該做卻吸引著我的事時，經過激烈的掙扎後，該做的事經常占上風。					
⓬ 有時我躺在床上，下定決心第二天要做一件重要事情（例如學外語），但到第二天，這種衝勁又消失了。					
⓭ 我能長時間做一件重要但枯燥無味的事。					
⓮ 遇到複雜情況時，我常常優柔寡斷，舉棋不定。					
⓯ 做一件事情之前，我首先想到的是它的重要性，其次才想是否讓我感興趣。					
⓰ 我遇到困難時，常常希望別人幫我下決定。					
⓱ 我決定做一件事時，常常說做就做，絕不拖延或罷手。					
⓲ 和別人爭吵時，雖然明知不對，我卻忍不住會說一些氣頭上的話。					
⓳ 我希望做個有堅強意志力的人，因為我深信「有志者事竟成」。					
⓴ 我相信機遇，事實證明，機遇的作用有時遠遠超過個人的努力。					

計分方式與分析說明：

1.凡單號題（1，3，5……），每題後面的五種回答，從第一到第五依次記5，4，3，2，1分。凡雙號題（2，4，6……），每題後面的五種回答，從第一到第五依次記1，2，3，4，5分。

2.得分和與意志力的關係如下：

81—100分，意志很堅強。61—80分，意志較堅強。41—60分，意志力普通。21—40分，意志較薄弱。0—20分，意志很薄弱。

重視家規，教出進退有度的好孩子

現代華人家庭強調讓孩子自由發展，
卻往往也讓家庭教育步入縱容和盲目滿足。
讓孩子自由發展，和家範教育並不矛盾。
有規矩是一個孩子的優良表現，也是他未來展開良好人際的基礎。

為什麼猶太人在許多領域都很出色？「愛而有教」的家教傳統幫助這個民族保持旺盛的戰鬥力。我所看過的以色列各式教養讀物，在在都提醒父母不要因為愛而忽略了教育，道理很簡單：家庭教育是由父母親自施教的，很容易產生拿捏不好情緒和尺度的現象，也就是前面提過的「超量滿足」、「超前滿足」、「即時滿足」等錯誤。猶太家訓告誡父母：不擔心你身為父母不愛孩子，就怕你身為父母，因為太愛孩子，反而忘記教育孩子。

早期教養，奠定成功教養的基礎

「愛子」對父母來說是人倫天性。動物尚且舐犢情深，人類愛子的例子更是俯拾即是：有位媽媽為了給兒子一顆健康的肝、挽救兒子的性命，每日跑步，竟然減掉了連醫生也束手無策的脂肪肝；地震時被壓在廢墟下的母親，臨終時還維持著餵奶的姿勢。父母愛子，毋庸置疑，但是，愛不是教養的終點，愛而不知教更會耽誤孩子。**猶太父母強調要從孩子三歲起就逐漸教他們學習規矩，因為規矩遲早要學習，愈早學，付的代價愈小，成效愈大。**

「愛而有教」，也是中國自古以來最注重的家教傳統之一，歷史上耳熟能詳的那些大臣，比如司馬光、曾國藩等都留有家訓。司馬光不僅寫下了千古流芳的「司馬光破缸救友」的故事，更寫下浩蕩的《家範》卷，其中最有名的就是：「為人母者，不患不慈，患於知愛而不知教也。古人有言：『慈母敗子。』」司馬光在幾千年前就注意到，父母愛孩子，最大的錯誤就是只知道愛，卻不知道教。這樣的結果最終只會毀掉孩子，過錯完全應由父母承擔。

由此可見，**無論是猶太教養，還是中國自古流傳的家訓，都給了父母中肯而發人深省的分析，提醒家長要有遠見卓識，真愛孩子，就應注意早期教養，不能只愛而不教。**

現代的華人父母把「愛而知教」的家訓演繹得如何呢？應該說，我們更重視教育，卻沒有領略「愛而知教」的內涵。「愛而知教」是家範教育，是素質教育，是慎始教育，而不僅僅是音樂、美術、書法、跆拳道、英語、奧林匹亞數學教育。孩子就像是一列列奔向遙遠未來的火車，沒有始發站的家範教育，它就很難安全地駛向更美麗的遠方。這樣的教訓從古至今屢見不鮮。

和華人父母相比，猶太父母更重視家規、家教的執行。在以色列，我幾乎沒看過父母追著三歲以上小朋友吃飯的場面。飯菜端上桌後，就是全家人的用餐時間，如果你調皮離席不吃，那麼等你回來，飯菜就收起來了，想吃也沒有了。華人父母把哄孩子吃飯當成一個難題，其實回想一下，是不是自己沒為孩子立好規矩造成的呢？

家教，從最基本的遵守餐桌禮節做起

——管教孩子的原則：事先約法三章，事後毫不妥協

家庭聚餐是最能檢驗孩子家教的場合，這一點我也是在和猶太家庭相處中發現的。我是個很好客的人，喜歡在週末邀請鄰居好友到家裡做客，週末家裡總是很熱鬧。有個週末，我招待了幾個鄰居到家裡吃飯。我做了揚州炒飯，還有一些中國菜。鄰居兩歲的兒子吵著要吃甜點，但是在餐前，鄰居特意用小碟子盛了一小份食物給孩子，告訴他：「如果沒有乖乖把飯吃完，那就沒有任何甜點了。」

晚餐時，這個小孩留下一盤只扒了幾口的飯，不聲不響離開了餐桌。晚飯後，我端出自己做的巧克力冰淇淋，這個小孩一見是自己最愛的甜點，露出欣喜的目光，百般央求媽媽分一些解饞。但無論孩子怎樣哭鬧，這位母親絲毫不為所動。對於鄰居的行為，我當時覺得有點小題大做了，不過是兩歲的孩子，做父母的何必如此嚴厲呢？

一年之後，這家鄰居再次來我家做客。與一年前相比，小孩發生的改變令我感到相當驚訝。用餐前，鄰居夫婦依然約法三章，只見小孩認真吃完碗裡的飯菜，並徵詢媽媽的同意之後才離開餐桌，到角落玩玩具。鄰居夫婦跟我解釋：「**對待小孩，有兩個原則，一是事先約法三章，二是事後毫不妥協。**」

「約法三章」也是中國古代家訓的精華呀！司馬光也說過，孩子小時候不管不教，等長大了再管教，這就好比是種樹，樹小的時候不修剪整枝，任其自然生長，很容易長得又歪又斜，等樹木長成合抱之木再去修剪整枝，能不費氣力嗎？

愛中有教，讓孩子自由發展，與設立規矩並不衝突

現代華人家庭強調讓孩子自由發展，卻往往也讓家庭教育步入另一個陷阱：縱容和盲目滿足。**讓孩子自由發展，和給孩子慎于始的「家範教育」並不矛盾。**有規矩是一個孩子的優良表現，也是他未來和其他社會成員開展良好人際的基礎。如何讓孩子「懂規矩」？拿「說話」為例：小孩愛如何說，就讓他隨便說，但是連他說出放肆的話都不干涉，就是父母愛而不知教了。

我有個老朋友，有一天抱著才兩歲的小孫子來我家玩。不知為什麼，小孫子冷不防打

了奶奶一巴掌。奶奶哈哈大笑說：「哎喲，小孫子真行，別看我孫子小，下手可有勁呢！八成是像他爺爺，上輩子練過，手重！有次還把他爺爺的臉打腫了。」正說著，小孫子啪的一聲，又一個巴掌打到奶奶臉上。

做父母的不懂得注意早期家教的重要性，在孩子小時候往往採取放任不管、任其自由發展的態度。理由是孩子還小，不懂事，管了也沒用，等長大了再教也不遲。其實這是相當不正確的。對孩子的要求繳械投降、有求必應的家庭，對孩子的行為缺乏明確規範的家庭，家中的長輩都爭著給孩子愛，唯恐孩子不快樂、受委屈，卻忽略了從小給孩子家教的家庭，往往就是這樣；令他們百思不得其解的是，他們用情感和全部的心血培養起來的孩子，有一天突然讓他們覺得那麼陌生，那麼放肆，那麼不理解父母。

所謂**「愛之深，責之切」，愛中有教、嚴格要求正是出於深切的愛**。所以，做父母的不應該被盲目的慈愛所支配，要「愛中有教」、「愛中有嚴」。當然嚴格要求並不意味對孩子動輒訓斥打罵，而是要做到以合理為前提。而且，態度也應該是智慧、耐心、循循善誘的。

猶太父母強調要從孩子三歲起就逐漸教他們學習規矩，因為規矩遲早要學習，愈早學，付的代價愈小，成效愈大。

從小為孩子建立家規，讓家教成為孩子自覺的習慣

——事先講清楚規矩的道理，孩子犯錯不輕易責罵，用小故事引導他思考、反省

俗話說，沒有規矩，不成方圓。**猶太教養之所以成功率很高，就在於他們很重視從小為孩子建立家規**。猶太家規到底有多少？其實都在我們的視線範圍內。比如，出門前跟家人打聲招呼，在約定時間之前回來；遇見鄰居要主動問好，自己的房間要收拾乾淨，吃完飯要把碗拿到廚房，公用的東西使用後要歸位……就男孩子來說，自制力較弱，已經改正的壞習慣還可能再犯，父母不要因為他們違反了規矩，就馬上處罰他們。要在違背規矩後先做出溫馨的提醒，三次提醒之後，再考慮處罰。

一旦慣例成為自覺的習慣，猶太父母就節省了很多時間和精力。每次出現相同的情況，就不必再從頭來過了。只需說「現在是熄燈時間」、「晚餐時間」、「整理玩具時間」……而不是像今日很多華人父母那樣，追著孩子滿屋跑說：「乖，快來吃飯，再吃一口。」或者又累又委屈看著滿屋子玩具，無奈地說：「你怎麼又把玩具扔得到處都是？」又或嚴厲地對孩子說：「你怎麼這麼不聽話？」但其實心裡也無可奈何，因為，這一切都已經成為習慣。

也許會有人說：家規會不會在孩子心中刻下父母不慈愛的陰影？**猶太父母在教孩子、**

樹立家規的問題上，一定會事先把規矩的道理講清楚，不會讓孩子盲目服從。

剛搬到特拉維夫時，對門的一家三口來家裡串門子，雖是鄰居，但平時工作繁忙，也難得聚在一起聊聊。我趕忙準備水果，洗草莓、切西瓜招待他們。

我挑了一塊籽少的西瓜遞到鄰居孩子手裡，孩子吃了兩口就放到茶几上，又伸手拿了一個草莓，咬了一小口又放下，順手伸進了瓜子盤，抓起一把瓜子。

鄰居爸爸見狀，馬上嚴肅地對孩子說：「把西瓜、草莓吃完，再吃別的。」

我笑了笑說：「他喜歡吃什麼就吃什麼吧，水果不是還很多嗎？」

鄰居爸爸說：「不能浪費食物，節儉與貧富無關，是孩子必須從小建立的好習慣。」

看到孩子噘起小嘴，臉紅了，他爸爸笑著跟孩子溝通：「孩子，爸爸說個故事給你聽。從前有位大富豪生活非常節儉，有人勸他，你是大富豪，錢幾輩子都花不完，何必過得這麼清苦？你這樣，人家會認為你裝窮。富豪就說：『我現在收入很多，可我不會總是有這麼多收入呀。如果我讓全家人習慣了奢侈的生活，有天當我沒有這麼多收入，他們會很難適應，會覺得受不了。我現在讓他們學會節儉，以後他們會生活得很安定。』孩子，如果有一天，家裡沒那麼多東西可以吃，你是不是會很難受呢？我們現在就要學會珍惜每一樣東西。吃東西時要先想一想，自己要吃多少，要吃多少就拿多少，拿來了就要吃完……」

這位猶太爸爸的循循善誘，就是典型的猶太教養風格。**猶太家長特別喜歡說小故事，**

然後用小故事引出大智慧，為孩子留出自我反省、咀嚼的空間。

今天華人父母在教養中遇到的問題，多數是缺乏家規引起的，明知道沒有規矩不成方圓，但是面對十月懷胎生下的孩子，管教起來於心不忍。看來，「不患慈，患知愛而不知教」真的是切中古往今來父母的弱點！

猶太父母這樣做

管教兩大關鍵——劃清「活潑與放肆」的界線、堅守原則

其實，父母治家教子並不難，只要弄清楚兩個界線：一是劃清「活潑與放肆」、「有規有矩與縮手縮腳沒主見」之間的界線。

很多家長往往把它們混為一談。為了幫助父母掌握這道界線，猶太教育學者曾經比喻：在一片草地上，羊在柵欄裡東奔西跑、吃草玩耍，這叫做活潑，牧羊人沒有必要干涉；如果羊跳出柵欄，那就是放肆，牧羊人就要行使職責。教育者把家庭教育比喻成牧羊，沒有侮辱孩子的意思，他只是耐人尋味地道出了活潑與放肆的界線。

父母要把握的第二個界線是：原則界線。

為什麼會有那麼多父母犯下超前滿足、超量滿足、即時滿足孩子的錯誤？因為慈愛的父母太難堅持原則、不動搖。如果父母自己先違背了規則，那麼父母在孩子的心裡就會失去威信，孩子也不會形成規則意識，這樣教育孩子就會一次比一次難。當然，有些規

則可以在適當的情況下放寬。比如，孩子表現好了，可以多吃點零食，週末可以答應孩子多看一會兒卡通，晚上也可以晚睡一會兒等等，這樣會使孩子減輕很多壓力。孩子在得到更多自由的情況下，會更自覺地遵守規則。

「愛而有教」是父母以智慧的方式，給予子女最寶貴的禮物。隨著孩子漸漸長大，你看他愈來愈明白事理，他看你愈來愈可親可敬，更增添了天倫之情。因為他從自己在人際交往中得到的回饋知道：是父母的遠見卓識，給了他幸福的能量，讓他圓滿地過渡為成人。而這時，你可以漸漸放鬆約束，盡情享受家規帶來的安樂。

「不患慈，患知愛而不知教」，對父母來說，既是意志力的考驗，也是教養智慧的考驗。通過了這個考驗，你才有資格說，你愛孩子，愛得不膚淺、不狹隘；至此，你才算是通過認證的父母，而不僅僅是徒有其名的父母。

猶太父母
這樣做

為孩子訂規矩的十一個原則

❶藉由對話為孩子立規矩。以中國教養觀點看，接大人的話尾，是沒有教養的表現。但是，猶太家長為孩子立規矩時採用的對話方法，恰恰鼓勵孩子接話尾。這就是說，不是把孩子當成要教的對象，而是要把孩子放在與大人同等的地位上一起討論，把規矩的道理講清楚，不讓孩子盲目服從。這樣的對話式教育法要求父

母有足夠的體諒和耐性。

❷ **從遊戲中學習立規矩。**猶太孩子從嬰兒時期就和同齡的孩子一起玩，按照制定的規矩、時間表吃睡，於是很自然就養成和他人一起遵守紀律的習慣。遊戲是社會的縮影，孩子們在遊戲中可學到遵守規則、承認勝敗、合作取勝。

❸ **孩子違背規則之後，父母一定要給予懲罰，不然會喪失父母的威信，規則也會失去約束力。**

❹ **以反省代替體罰，給予時間。暴力會摧毀孩子的自尊，在孩子心裡埋下恐懼、憤怒和怨恨的種子。**孩子犯錯時，猶太父母不打孩子，也很少大聲跟孩子對話，這樣孩子更容易真心領悟到自己應該建立的行為準則，也不會感到被冤枉。父母的過度反應會強化孩子的印象，而嚇唬的作用是有限的，孩子最後會發現父母還是會依自己。所以，相對低調而嚴格的懲罰，會讓孩子感到規則是不可違背的。

❺ **立規矩時，要明確告知孩子後果。後果最好跟孩子的切身利益有關。**

❻ **就事論事，別輕易為孩子貼標籤。**

❼ **多用正面口吻告誡孩子，不用負面的說法嚇唬孩子。**

❽ **立下的規矩，無論時間、地點、場合，都要遵守。**不可以今天這個樣子，明天那個樣子，在家一套，外面一套。這樣只會讓孩子搞糊塗，無所適從。

❾ **父母也要遵守立下的規矩。**比如，要讓孩子規矩進食，家長自己在飯桌上就要做

好榜樣，不挑食，不浪費；要讓孩子懂禮貌，家長自己就必須先做到。

❿**為孩子立規矩時要製造輕鬆的氛圍**。孩子不服從父母時，不要強硬施行，劍拔弩張之時最難實行規矩，不妨採取迂迴戰術，施展一下幽默才能，尤其要順著孩子的思路說出他必須遵守的理由，並提出解決的辦法，孩子往往更容易接受。

⓫**在遵守規則的前提下，給予孩子自由**。

猶太父母在教孩子、樹立家規的問題上，一定會事先把規矩的道理講清楚，不會讓孩子盲目服從。

「意志力」這樣教

華人孩子與猶太孩子的「意志力」超級比一比

評比項目	華人孩子	猶太孩子
體貼父母	想要的東西一定要馬上得到，不懂得體貼父母，認為爸媽對自己的付出是理所當然的。	懂得體諒父母，願意主動減輕爸媽的負擔，想要的東西會靠自己的努力去換取。勝
欲望控制	物質欲望較強，不懂得節制，容易花費金錢在不必要、不適合自己的東西上，只為了滿足虛榮心。	明白人的欲望無窮，不可能滿足每一個欲望，懂得分辨「必要」「需要」「想要」，懂得合理消費，不會揮霍金錢。勝
逆境智商	自尊心高，得失心重，一旦遭遇失敗容易陷入極度沮喪，並容易責怪他人。	面對挫敗雖然感到難過，但往往能夠自我調適，以此次的失敗為借鑑，化為下一次挑戰的動力與養分。勝
忍耐力	不耐吃苦，面對艱困的環境容易選擇逃避的態度，容易放棄。	忍耐力強，即使面對困境，也能咬牙撐過，意志堅定。勝
家教	容易有小皇帝的傾向，一切唯我獨尊，對待長輩有時會顯得沒有禮貌。	活潑而不放肆，應對進退懂得拿捏分寸，懂得尊敬長輩，面對前來拜訪的親友態度落落大方。勝
意志力總評	外表光鮮、抗壓力低的草莓族	外表堅強、內在有料的堅果族 勝

華人父母認為「再苦也不能苦孩子」，在他們的細心呵護下，華人孩子對於自我的期望大多很高，但缺乏現實磨練的他們不懂得體貼父母、不擅長控制欲望、低逆境智商、

忍耐力低，在家往往是唯我獨尊的小皇帝，在外則是外表光鮮卻不堪一擊的「草莓族」。另一方面，猶太孩子在「延遲滿足」「適當不滿足」的訓練下，體貼父母的他們學會自食其力、並有效控制欲望，適當的磨難教育讓他們擁有高度的逆境智商與忍耐力，同時保有真正的自信，是禁得起考驗的「堅果族」。

延遲滿足包含哪些能力訓練，各項訓練該從何時開始實施？其終極目標為何？

猶太父母認為延遲滿足訓練同樣應該從小做起，孩子一、二歲時，爸媽應該滿足他的生理及心理需求，等孩子三歲之後，就應進行正式訓練，最終的目標是鍛鍊孩子堅韌的意志力。以下是「延遲滿足」中各項訓練的目標，以及訓練的建議開始時間，爸媽可依據孩子的狀況，提早或延後訓練時程。

延遲滿足訓練

瞭解家中經濟狀況→瞭解社會、體貼父母、培養責任感（國小～）

想要的享受，靠自己獲得→把欲望轉換為做事的動力（3歲～）

裝窮藏富，創造「匱乏」環境→珍惜物品，養成不浪費的習慣（3歲～）

適當不滿足訓練

拒絕孩子不合理的要求→節制欲望、避免過度物質享受（3歲～）

磨難教育

不提供過度精細照顧→培養強健體魄、堅強心智（幼稚園～）

刻意創造艱苦環境→去除嬌氣（國小～）

全民兵役→鍛鍊意志與毅力（18歲～）

考試制度→鍛鍊生存韌性（國小～）

逆境智商訓練

陪伴而不干涉→學習面對失敗、鍛鍊耐挫力（國小～）

家教訓練

餐桌禮儀→學習守規矩、尊重他人（可與大人同桌吃飯開始）

家規→遵守禮儀、應對進退的分寸（5歲～）

PART 4

後退一步，鍛鍊孩子解決問題的能力

猶太人堪稱世界上最自動自發、熱愛學習的民族，
這樣的優點是否與猶太教養中的「放手教育」有關？
為什麼猶太父母堅持只當退居二線的八十分父母？
父母管教兒女，「管」與「教」該怎麼拿捏，
才不會破壞親子的關係？
為什麼猶太孩子到了十八歲就完全可以獨立生活呢？

本章中，猶太媽媽沙拉將分享她的經驗與觀察，
傳授爸媽如何藉由放手教育的實施，
發展孩子的天賦與才華，
教出勇於嘗試、愛閱讀、自發學習、
具獨立思考、擅長處理問題的好孩子。

解決問題的能力

教養情境

模擬檢測表

你的教養觀是哪一種？是為孩子事事包辦的「管家」，兢兢業業、時刻不敢放鬆的「直升機父母」，還是懂得聰明放手的猶太父母？在進入本章前，請先勾選這份教養情境檢測表。透過這份表格，爸爸媽媽可以更清楚自己對於孩子教養的想法，也能更進一步看看猶太爸媽如何聰明面對這些讓父母頭大的教養問題哦！（各題後頁碼標示，如 P.015 為本書相關主題的參閱頁碼）

1 關於孩子的才藝學習，你的看法是？ P.201

□應該趁孩子還小時讓他多學各種才藝，有助提早開發潛能，從小培養他的藝術氣息和才華。

□小孩子學才藝往往一下子就膩了，不用浪費那筆錢。

□先引導孩子接觸各種事物，若孩子有興趣也有意願，再讓他去上才藝課。

2 孩子試著自己倒水，但動作不甚流暢，你的反應是？ P.202

□孩子每次倒水都會潑灑出來，大人應該禁止他。

□孩子手眼還不協調，大人應該幫他把水倒好。

□孩子正在練習眼睛和手部的配合，讓他自己去做，等結束後再帶著孩子一起把潑灑出的水擦乾即可。

3 當你發現孩子偷看成人光碟，你會怎麼做？ P.210

□當場揭發，並斥責孩子的行為。

□跟孩子討論性的話題太過尷尬，只好裝做不知道。

□性好奇是每個人的本能反應，當下不戳破，另尋適當時機，為孩子上一堂性教育的課。

4 孩子犯錯了，你相當生氣，此時你會怎麼處理？ P.212

□孩子有錯就該嚴罰，一定要一次就讓他學乖。

□痛心疾首，哭著告訴孩子：「你這樣讓爸媽非常失望。」

□先離開現場，等心情平復過後，再與孩子討論爸媽之所以生氣的理由。

5 孩子要參加學校舉辦的露營活動，你會怎麼做？ P.218

□露營非常辛苦，而且孩子容易吃下不乾淨的東西，勸孩子不要參加。

□幫孩子打點好要帶去的東西，讓他沒有後顧之憂。

□讓孩子自己收拾他需要帶的東西。

6 孩子喜歡動家裡的工具箱，你的反應是？ P.219

□小孩子玩工具太危險了！禁止孩子玩工具箱。

□告訴孩子工具箱是爸媽的東西，不可以隨便亂碰。

□購買「兒童版」的工具箱給孩子，教他使用方法，並鼓勵孩子自己修理玩具。

7 孩子不喜歡念書，你會怎麼處理？ P.226

- □隨時緊盯著孩子，當他偷懶時，立即婉言相勸。
- □利用小故事或日常生活中的機會，讓孩子知道學習的重要性。
- □警告孩子若不認真念書，就不准他玩也不准吃飯。

8 你覺得以下哪一種方式最能鼓舞孩子學習呢？ P.232

- □告訴孩子書讀得好長大可以當醫生、律師，高收入又受人尊敬。
- □警告孩子若是現在不讀書，長大以後就沒出息。
- □引導孩子找到他自己的興趣和願景，鼓勵他為了夢想而學習。

9 當孩子對於未來或前途的規劃，與你的價值觀不同，你會怎麼做？ P.241

- □告訴孩子：「不聽老人言，吃虧在眼前。」爸媽的人生經驗比他豐富，聽爸媽的話準沒錯。
- □千萬不能放任孩子走錯路，身為爸媽此時一定要拉住孩子，免得他走了冤枉路。
- □孩子的選擇若是出於他深思後的決定，那麼父母應該給予支持。

10 在孩子的人生中，父母應該扮演什麼樣的角色？ P240

- □兢兢業業的「開路者」，父母應該為孩子掃除前方的障礙，讓孩子走上平穩的路。
- □事事親力親為的「保護者」，父母應該給孩子最好的成長環境與資源，直至孩子長大後能夠獨立為止。
- □退居二線的「軍師」，父母應該擔任提醒與諮詢的角色，誘導孩子進行思考，培養孩子獨立思考的能力。

11 孩子正在做美術作業，你發現還有改進的空間，你會怎麼做？ P.252

- □直接動手幫孩子調整，幫助他把作業做得更好更美。
- □在一旁指導孩子，告訴他怎麼做會更好。
- □不多加干涉，讓孩子自己動腦動手去做，即使成果不盡完美，他也能從中獲得經驗。

12 當孩子因為思慮不周而失敗，你的回應是？ P.248

- □今後孩子處理事情時，爸媽應該跟在一旁事事提醒，避免他再次犯錯。
- □責怪孩子做事不應粗心大意。
- □犯錯是孩子學習的機會，不宜過度責怪，但可以與孩子討論這次的經驗讓他體會到的事，並分享自己的經驗。

慢養教育，尊重每個孩子的差異

不同於直升機父母的兢兢業業、時刻不肯鬆懈，猶太父母認為「養孩子就像種花，要耐心等待花開」，不求一時的速度與效率，不以當下的表現評斷孩子，尊重每個孩子的差異，讓孩子發現最好的自己。

我參加過中國一所小學舉辦的音樂會，孩子們盡情開心地表演著才藝。音樂會中，有個孩子把蕭邦彈得出神入化。活動一結束，媽媽們就圍著那位孩子的父母，問道：「你家孩子從幾歲開始學鋼琴的？怎麼練的？哪位老師教的？」在這裡，琴音召喚的不是欣賞，而夾雜了更多父母濃厚的不安與比較。少子化的家庭結構，讓華人父母對孩子的未來下了「只許成功，不許失敗」的賭注。

每個孩子都是一顆種子，父母應該耐心等待花開

不僅僅在中國，最近幾年，國外也有父母對孩子做出「過度關懷」、「過度熱心」、「過度介入」的行為，教育學家把這群史上首次出現的父母，戲稱為「直升機父母」，

意指他們像極了直升機，在孩子上空盤旋，不肯撤退，無時無刻不在守望著孩子的一舉一動。

直升機父母看起來勞苦功高，但他們的過度撫養是否功效顯著？讓直升機父母常常焦慮的是：他們犧牲了自己的休息時間，帶孩子上各種才藝班，全然不知孩子早已厭倦或另有所愛，昂貴的才藝課就像是打水漂，家長白花錢，孩子白受罪。他們不惜花費重金捐款，讓孩子擠進名校，看到孩子成績沒有起色，就彷彿世界末日到來；他們為孩子的未來訂下各種職業規劃，不當醫師就當教師，不然就做知名藝術家，即使口頭沒表現出望子成龍的心情，潛意識裡也一定要把孩子培養成菁英。眼見著孩子距離菁英仍是長路漫漫，家長站在起跑線前憂心如焚：孩子為什麼這麼不懂事？他為什麼不用功、不上進、不優秀？

直升機父母不斷問：「我的孩子到底怎麼了？」「為什麼教育孩子那麼難？」卻很少從自己身上找原因，始終堅信自己所做的一切都是為孩子好，都是出於對孩子的愛，全然不知道他們的愛正慢慢變得沉重、偏執、模糊，乃至失去方向。

直升機父母到底怎麼了？專家認為，「直升機父母」被困在一種愛的陷阱裡，誤以為愛孩子就要為孩子掃除一切人生的障礙。**不同於直升機父母的「過度撫養」方式，猶太父母的理念更近似「慢養教育」，他們認為「養孩子就像種花，要耐心等待花開」**。慢養並不是時間上的慢，而是說教育孩子不要太擔憂、太著急。不求一時的速度與效率，不以當下的表現評斷孩子，尊重每個孩子的差異。慢養，可以讓孩子發現最好的自己。

推崇尊重孩子步調的「慢養教育」，不揠苗助長

──孩子嘗試挑戰某件事時，不急著幫忙，讓他自行摸索學習

我曾拜訪過女兒的以色列老師。老師幫我在廚房裡準備水果時，她不滿三歲的兒子正笨拙地將一把鑰匙插進門鎖中。孩子想要打開臥室的門，由於身高和動作協調性都不夠，怎麼也打不開。看到他手忙腳亂，我連忙走過去想幫他一下，卻被老師阻止了。老師說：「不要去打擾他，讓他自己研究一下。」果然，雖然孩子花了很長的時間，終於還是把門打開了，他開心地拍起手來。

猶太教養認為，「過度撫養」忽略孩子的成長需求，是對孩子的一種心靈侵犯，會降低孩子自身的免疫力和適應能力。父母越開「直升機」，孩子越會成為超齡嬰兒，結果父母更加覺得孩子需要「過度撫養」。如此長期惡性循環，孩子就會缺乏韌性、難以吃苦、獨立。在愛的名義下，家長們只有苦勞，沒有功勞。

一位白領媽媽向我訴苦。她自認是個勤快的媽媽，結果卻適得其反。

「自從知道懷孕後，我就閱讀了無數的教養書。兒子出生後，我嚴格遵守書上的餵奶計畫，只要過了規定時間，我不惜在兒子最想喝奶的時候，狠心地拔出乳頭來，為的就是從一開始就打下教養的基礎。為了給他充分的營養，我總是把菜切成碎末，把水果搾成泥餵他吃。等他上了幼稚園，家裡雖然有老人家帶他，但我還是不放心，下班以後拖著疲憊的身軀飛奔回家，生怕孩子有一點小差錯。睡覺前，無論多睏，我都要親手為孩子洗手、洗臉，深怕他洗不乾淨，有細菌留在上面。到了公司，我還不時跟老師MSN溝通，以免忽略兒子成長中的每一刻。在教育兒子的過程中，我操盡了心，沒有一絲懈怠。可是結果呢？兒子不僅沒有在我預測的年齡內出現我所希望的成績，反而還出現很多讓我沮喪到極點的毛病。

「比如說，可能是我給孩子的飲食一向過於精緻，他特別敏感，吃不慣幼稚園的食物，一吃就不消化，搞得他奶奶每天早上十點多還得隔著幼稚園柵欄，把家裡現搾的果汁遞給他喝。飯前洗手時，全幼稚園的小朋友就他動作最慢；吃飯時，他也老是左顧右盼，因為他習慣全家人追著他餵飯。更讓我著急的是，帶他出去參加親子活動，他一遇到小事就望著我，自己一點主意也沒有；如果再遇到稍微不合他心意的事，他嘛起嘴來就要哭。我現在都懷疑，是不是我每天晚上給他讀的繪本太多了，讓他變得這麼敏感。

「不過，最讓我懊惱的是，我們家鄰居有個跟我兒子差不多大的小女孩，父母都在大學醫院工作，都是心血管外科，非常忙，根本沒時間像我這樣為孩子做五顏六色的蔬菜泥。當時，我還擔心他們這樣會耽誤孩子，結果現在一看，他們女兒在幼稚園的表現讓老師讚不絕口，很多事情都能自理，跟老師打聲招呼就在幼稚園裡和其他小朋友一起玩，午餐時自己大口吃完飯。做事情也很有主見，看什麼書、玩什麼玩具都有自己的想法。看著這個『耐操』的小女孩，看著她父母愈來愈輕鬆自如的樣子，再看看我家這個盡心撫養卻讓我愈來愈累的孩子，我真的相當沮喪。」

這個年輕的媽媽自我反省說：「為什麼我費盡心思的育兒計畫卻得到這樣的結局？與其這樣做一個過度撫養卻吃力不討好的媽媽，我是不是該有條不紊地做個高效能媽媽呢？」

回想當初，剛舉家搬遷到以色列時，我也是直升機父母中的一員。我從來不給女兒帶便當，都是每天中午給她送飯，就像以前在上海時那樣。每天中午十一點多，不管再忙再累，我都會放下手上的工作，把熱騰騰的飯菜裝進保溫盒，送到學校給女兒。天冷的時候，我在保溫盒上裹著大毛巾，生怕飯菜涼了。女兒學校的老師和同學，包括學校門口的校警，都認識我這個中國媽媽。我一到校門口，他們就說：「哎喲，中國媽媽又來送飯啦！」女兒的同學也開始嘲笑她，說她這麼大了還讓媽媽送飯。女兒學校的老師跟我講了很多猶太父母教育孩子的方式，要我對孩子放手。其他猶太家長也心直口快地對我說：「你真的希望孩子成功嗎？學會在適當的時候撤退吧。只有你放輕鬆了，他們才會飛得更高。」後來，我不再給女兒送飯了，原以為她會不適應，沒想到，女兒卻如釋重負地對我說：「媽媽，我終於不再被同學笑了！」

也許，「過度撫養」這個詞的初衷是美好的。聽說，這個詞跟美國名將麥克阿瑟有關。當年，麥克阿瑟進西點軍校時，他母親為了監督他，就在軍校附近租了公寓，據說這樣她就能用望遠鏡看兒子有沒有好好學習了。

但是，過度撫養在二十一世紀發生了戲劇性的演變，就像剎不住的汽車一樣，顯現出直升機父母對「完美小孩」（perfect child）的期待。家長們全方位地滲透進孩子的生活，從優酪乳的品牌、衣服的挑選、零食的口味到食譜的搭配，從學習音樂、繪畫、運動量的安排，到玩具、玩伴、遊戲的內容、活動的限制，大人都要過問。追著孩子穿衣、洗臉、吃飯、收拾玩具，把水果削成小塊送到孩子嘴裡，孩子稍有不適，動輒小病大治，無病猛補，往往造成營養過剩，致使肥胖兒童比例上升。

此外，家長們還安排孩子的全部生活，孩子的想法反而不受重視。但是，這些有過度撫養行為的父母卻認為自己才是最瞭解孩子的人，不許其他人對孩子的生活與教育提供任何意見。教育學家對此現象頗為擔憂，試圖尋找各種讓直升機父母適當撤退的辦法。

在美國，一些媽媽創造出了「馬丁尼媽媽」（Momtini）這個詞。「Momtini」（馬丁尼媽媽）由「Mom」（媽媽）和雞尾酒名稱「Martini」（馬丁尼）組合而成。這些美國媽媽和孩子一起舉辦露天聚會，孩子們喝著果汁或吃著蛋糕，自己玩得很起勁；媽媽們則悠閒

慢養教育告訴父母不用追求一時的速度與效率，不以當下的表現評斷孩子，尊重每個孩子的差異，讓孩子發現最好的自己。

地喝著馬丁尼調酒，享受自己的時光。這個新字反映了美國媽媽的願望：她們想要從直升機媽媽中解脫，尋找屬於自己的人生。

八十分的慢養型父母，勝過一百分的過度撫養型父母

反思「過度撫養」的弊端，觀察猶太父母「撤退一步」的教養策略，我逐漸理解「慢養」才是效率更高的教養理念。如果說，父母這份工作可以用績效來考評的話，一百分的過度撫養不見得是成功的標準，換個思路，八十分的慢養型父母，可能會取得更好的業績。

教育權威詹姆斯．杜布森博士（James Clayton Dobson）有句名言，對叱吒職場的新手爸媽來說更有說服力，他說：「一個獲得一百分的家長，絕對不是成功的家長，他們的『愛』就像雙刃刀，疼了孩子，也害了孩子。」無獨有偶，兒童教育家陳鶴琴也說過：「做母親的最好只有一隻手。」

有一部關於胡楊樹生長的紀錄片，講述的是培林專家種植胡楊樹的訣竅，正好也暗含對「過度撫養」與「慢養」的反思。

若是頻繁地為胡楊樹澆水、施肥，它的根就會不往泥土深處扎，只在地表淺處盤結。反之，適當地控制施肥、澆水，胡楊樹的根自然會拚命向下扎，一直扎進地下的泉源。

有這麼深的根，胡楊樹自然不會輕易被暴風雨擊垮。胡楊樹生長的原理就跟孩子一樣，父母若想要孩子的生命之樹根深葉茂、頂天立地，就不能給他過度的水分和肥料，必須以長遠眼光鼓勵他奮力向下扎根，這才是「愛之則為之計深遠」。

有時父母也常忽略孩子的成長規律和應對能力，給予了過多的期待，操之過急，這種過度撫養不但會加深孩子的挫折感，也讓孩子失去向下扎根的動力。人生之路漫漫，家長之愛殷殷，「慢養」就好比在教養的道路上修建起一個個加油站，既鼓舞孩子盡心力向前跑，又保證他能跑得更遠。

父母這份工作可以用績效來考評的話，一百分的過度撫養不見得是成功的標準，八十分的慢養型父母，可能會取得更好的業績。

親子相處的美學——保持適當距離

爸媽的確有生命賦予的權威，但這個權威要有的放矢。
父母釋放的不合理威嚴，一旦被孩子戳破，他們就會把父母當成空氣。
所以，父母應該適當地給孩子留一點空間，
這是人性的呼吸，是維護親子關係的重要環節。

常看到很多父母以愛之名，對孩子進行不留餘地的控制與管束，父母給孩子他們所能夠給予的一切，這種神聖寶貴的愛，是無私的奉獻，而不是支配、壟斷。隨著孩子年紀增長，父母需要進行愛的方式的轉化，把對孩子的過多照顧、保護、支配，轉化為一種寬容心，一種有境界的距離。這樣孩子在更廣闊的天地裡，才能體會到父母更多的愛，更幸福地成長。

猶太父母這樣做

保持適當的距離，允許孩子有探索的空間與自由

——依據孩子的成長階段自然、漸進地放手，讓他在安全感中一步步跨出外界

新生兒呱呱落地時，首先要剪斷與母親相連的臍帶。只有剪斷臍帶，才能母子平安，

讓嬰兒活下來。同樣的，在孩子的成長過程中，若不給孩子獨立的生活空間，漠視孩子的主動性，表面上為他營造出溫室一樣的環境，實則無異於奪去他獨自生長的權利。

鄰居家的猶太媽媽有兩個孩子，大兒子四歲多，小兒子一歲多。這位媽媽與兒子的距離保持得恰到好處。她總是在不遠不近的地方跟在孩子後面，讓孩子需要她時能看到她，卻不干擾孩子。大兒子把全副精力放在探索世界，小兒子精力旺盛地抓、拉、爬，認識世界，這景象讓這位猶太媽媽感到自豪，說：「我的孩子不用總是回頭找媽媽，因為他們知道媽媽就在那裡；而很多孩子害怕媽媽不見了，總是回頭找。」

總是回頭找媽媽的孩子，跑不遠，也不敢勇往直前。

孩子還小的時候，母親不離開孩子，他永遠在母親的視線範圍之內。孩子的呼喚，媽媽永遠都能及時回應。等孩子長大些了，探索的範圍更大，孩子需要時，也能在媽媽活動的地方找到媽媽，不會產生離開媽媽的焦慮，一直到他有足夠的能力，不再時時依賴母親的呵護。母子的分離，本來就是這樣自然、漸進的過程。

說到這裡，我想起自己曾親眼目睹朋友家母女倆的「愛的爭吵」。

朋友的女兒要我為她評評理，她眼淚汪汪地向我抱怨：「我已經快三十了，媽媽還是像對待小孩子那樣對我，晚上回家吃完飯後，媽媽一會兒過來看我在做什麼，一會兒又過來送水果，我不想吃還硬逼著我吃，說是可以美容。」

一旁的媽媽感到很委屈，眼眶都紅了。

以愛之名，誰錯了嗎？孩子是媽媽身上的一塊肉，孩子只要一不在身邊，媽媽就覺得自己的心被偷走了。但是，孩子終究要出社會，做一個獨立的人。況且，進入青春期的孩子就像學會飛的小鳥，他們渴望被尊重，而這種尊重大多數時候就是「距離」的代名詞。父母恰當地保持距離，既有助於維護親子間的關係，也有助於孩子的健康成長。

即便孩子有不良行為，也應維護他的自尊

不久前，我在電視上看到一個叫甯寧的十四歲女孩，她媽媽發現她偷看成人光碟，狠狠斥責了她。大失所望的媽媽，堅持要甯寧說出光碟的來源，並懷疑是女兒的好友慫恿她觀看的。

原來甯寧六歲時父母離異，跟隨媽媽生活。媽媽對女兒傾注了所有的愛，甯寧不僅成績優異，而且很有禮貌、守規矩，媽媽感到非常欣慰。沒想到，看上去單純乖巧又文靜的女兒，竟然做出這種事。媽媽決定查個水落石出，女兒的眼淚和沉默，成了媽媽手中的證據。羞辱、懊悔、罪惡感交織在一起，甯寧的情緒跌到了低谷，經常獨自望著窗外發呆，見到熟人便匆忙走開，彷彿自己的祕密已經昭告天下，真想立刻想找個地洞鑽進去。

正是這種剪不斷、理還亂的母愛，將女兒逼入了尷尬的境地。性好奇是每個人的本能反應，青少年更擔心自己的性祕密被別人洞悉，因為它是不可以分享的。

甯寧母親的行為無異於將孩子的隱私公諸於眾，讓她產生沉重的心理負擔，帶來了生理和心理上的雙重傷害。

父母如果發現孩子接觸了性資訊，最好的處理方式是點到為止，不宜多問，保護好孩子的自尊心最重要。這時，順勢給孩子一個台階下，讓他自己領悟，避免難堪。然後再尋找適當的時機、選擇適宜的方式，對孩子進行性教育。

看到電視上的甯寧，想起了我和孩子們之間的一個小祕密：每逢週末，我們全家就圍坐在一起看電視。以色列的電視是不收費的，但是，星期五晚上十二點以後會播放一些兒童不宜收看的電影，當然這些電影也不收費。

有一個週五，已經晚上十二點多了，我迷迷糊糊躺在床上，隱隱約約覺得客廳裡傳出的聲音不對勁。下床一推門，只聽見啪的一聲，客廳裡的電視機被關掉了。我心想，乾脆也別出去了，就站在門口。

孩子們感覺我這邊好像沒有動靜，不一會兒，我就聽見啪的一聲，電視又開了，可是再也聽不到聲音了，他們戴上了耳機。一閃一閃的亮光，從門縫裡射進來。

進入青春期的孩子就像學會飛的小鳥，他們渴望被尊重，而這種尊重大多數時候就是「距離」的代名詞。

我依然沒有逾越「雷池」半步，給了步入青春期的兒子們自由的天空。後來，每逢星期五晚上，我在十二點以前就習慣性地洗漱、睡覺。有趣的是，孩子反而自此再也沒有欣賞過午夜的電視劇場。這一幕，兒子們記得很清楚，過了很久，他們有時還會提起這個故事。他們對媽媽的反應表達了溢美之詞：「媽媽很可愛。」

爸媽的確有生命賦予的權威，但這個權威要有的放矢。父母釋放的不合理威嚴，一旦被孩子戳破，他們就會肆無忌憚，把父母當成空氣，家長的權威也就形同虛設。所以，**父母應該適當地給孩子留一點空間，這是人性的呼吸，是維護親子關係的重要環節。**

猶太父母這樣做

教訓孩子點到為止，留下思考空間，讓孩子從錯誤中學習

有些家長教訓孩子喜歡沒完沒了，還時不時就要質問孩子：「我的話你聽見了沒有？」孩子畏懼家長的威嚴，為了免受皮肉之苦，只能說「聽見了」，其實他可能什麼都沒聽進去，左耳進右耳出。家長嘮叨太多，會令孩子分不清主次，不知道該聽哪句好。經常性的嘮叨，導致孩子「失聰」，讓孩子產生教育心理學中的「零反應」，最終使教訓失去效果。

有一次我看見朋友毫無節制地批評自己的孩子：「你真是沒出息，你真的完蛋了。我對你真失望……」之後，我告訴她我在雜誌上看到的一則故事。

一個四歲的小女孩拿鐵片在父親的車上劃了許多刮痕，盛怒的父親用鐵絲將女兒的手綁起來，在車庫裡罰站。好幾個小時後，父親才想起女兒，此時女兒的手已被鐵絲勒得血液不通，被迫截去了手掌。

半年後，父親將車重新烤漆，女兒無邪地伸出那雙被截斷的手說：「爸爸，你的車像新的一樣漂亮，可是，你何時能還給我一雙手？」

父親受不了女兒無邪的追問，飲彈自盡。

父母對孩子毫無節制的批評與懲罰，不但會給孩子留下極大的傷害，更會重傷親子間的情誼，有時成為不可挽救的遺憾。

另外，喜歡翻舊賬也很要不得。孩子犯錯時，父母把陳年往事全盤托出，將孩子的種種「惡行」全數落一地，往往愈說愈激動。其實孩子在成長中犯一些錯是正常的，他們就是在犯錯的過程中逐漸成熟的。**孩子犯錯，父母應當一碼歸一碼，犯了什麼錯就糾正什麼錯。**

父母給予子女生命，卻不能藉此肆無忌憚地對待子女，尤其是孩子長到了一定的年齡，有了自主意識之後，簡單粗暴的教養方式會限制孩子的發展。讓孩子自己從錯誤中領悟，或許比控制、支配、壟斷更有效。

我曾經在書上看過一則故事：

有位老禪師，一天夜裡在禪院裡散步，看見牆邊有張椅子，他立即明白有人違反寺規翻牆出去了。老禪師也不聲張，靜靜地走到牆邊，移開椅子，就地蹲下。

不到半個時辰，牆外一陣響動，一個小和尚翻牆而入，踩著老禪師的背脊跳進了院子。當他雙腳著地時，才發覺剛才自己踩的不是椅子，而是自己的師父。小和尚頓時驚慌失措，只能站在原地，等待師父的責罰。

出乎意料的是，師父並沒有厲聲責備他，只是平靜地說：「夜深天涼，快去多穿件衣服。」

師徒之間尚且如此，父母和子女之間更不必說了，不能因為是我帶你來到這個世界，就有權力肆無忌憚地對待你。父母要如何跟孩子保持適合的距離，是一門值得認真學習的藝術。

解決親子衝突的六個智慧

❶ 猶太父母絕不懲罰或斥責孩子，也盡量避免使用言詞警告。

❷ **即使被迫懲罰孩子，猶太父母也絕不諷刺挖苦**，更不會自恃「孩子是我生、我養的」，就隨意用不留餘地的語言指責孩子。

❸ **火氣上來時，猶太父母採取退避或保持沉默的對策**。退避，可使孩子意識到事態嚴重，避開親子的正面衝突，還可避免在氣頭上說出過頭的話，傷害孩子。

❹ **當孩子惹你生氣，你發現自己的憤怒在膨脹時，可分三個層次說出自己的情緒狀態**：「我對你這樣的做法很不高興！」「我真的很生氣！」「我馬上就要發火了！」這些說法都比莫名其妙的爆發有效許多。

❺ **父母千萬不要當著眾人面前發火**，這會讓孩子沒有面子，從而產生叛逆心態。選擇適當的場合，會讓孩子覺得父母即使發火，也會顧及他的面子，因而減少對立情緒。

❻ **發生不愉快的事之後，父母、孩子都需要盡快恢復情緒**。對小一點的孩子，有時一個吻、一個擁抱或一句「媽媽愛你」就很管用。對大一點的孩子，對話溝通是很有必要的。

孩子在成長中犯一些錯是正常的，他們就是在犯錯的過程中逐漸成熟的。孩子犯錯，父母應當一碼歸一碼，犯了什麼錯就糾正什麼錯。

懲罰孩子前，先問自己這十個問題

❶ 這個懲罰能改變孩子這種不良行為嗎？
❷ 當我對孩子實施懲罰時，我是否處於生氣狀態？
❸ 這個懲罰會讓我的孩子感到被羞辱或尷尬嗎？
❹ 我不生氣時，能否及時對孩子貫徹懲罰？
❺ 我是不是要先試試肯定性的補救措施？
❻ 這個懲罰能不能教會孩子掌握良好行為的技巧？
❼ 這個懲罰可以減少以後實施懲罰的必要性嗎？
❽ 這個懲罰是我教養計畫的一部分嗎？我懲罰孩子，是不是出於衝動？
❾ 對孩子的懲罰是始終一致的嗎？
❿ 這個懲罰是合理、公平、公正的嗎？

放手教育，教出獨立不依賴的孩子

孩子早晚都要脫離父母出社會，猶太教養法則告誡父母，應該把培養孩子的自理能力放在首位，讓他們離開父母的庇護也能獨立生活，解決生活中出現的各種問題。

有個家長求教於著名的教育家馬卡連柯（Makarenko）：「我的孩子簡直就是個小霸王，誰也管不了，我到底該怎麼辦呢？」

馬卡連柯反問：「你經常為孩子疊被子嗎？」

「是的，經常疊！」

馬卡連柯又問：「你經常為他擦皮鞋嗎？」

「是的，經常擦！」

馬卡連柯說：「毛病就出在這裡。」

父母擔心孩子，事事為他包辦、準備周全，反而會剝奪了他學習自立的機會。

教導孩子動手操作工具，訓練生存所需的基本技能

輝輝剛來以色列時，參加學校舉辦的露營活動。學校只為孩子介紹了一下營地情況，需要攜帶的物品細節，則要同學們自己列清單。我原本想像從前那樣，幫忙輝輝把食物、水壺、OK繃等東西準備齊全，讓他早早上床睡覺，好養足精神，去露營時完全沒有後顧之憂。這時，鄰居大嬸的勸告在我耳邊響起：「別再一手包辦孩子的大小事了，那樣是在害孩子。」我忍住了作為媽媽那份呼之欲出的代勞之心，用眼睛觀察輝輝忙裡忙外，準備各種露營用品，而且他興致勃勃的勁頭完全超過了我。

忙了好一陣子，輝輝終於上床去睡覺了，我忍住了好奇心，沒有去翻查他的背包，只看見包包裝得鼓鼓的。兩天後，輝輝回來了。我問他：「怎麼樣，好玩嗎？」

輝輝說：「別的都很好，只是我忘記帶小刀了，只好每次用的時候都跟同學借。其實，我記得要把小刀放進去，但走的時候很匆忙，還是把小刀忘了。下次再去露營，我一定要事先列清單，確保萬無一失。」

孩子早晚都要脫離父母出社會，猶太教養法則告誡父母，應該把培養孩子的自理能力放在首位，讓他們離開父母的庇護也能獨立生活，解決生活中出現的各種問題。

孩子們剛來以色列時，受邀參加同學的生日會。他們發現，男孩子最喜歡的生日禮物居然是「工具箱」，箱子裡有「兒童版」的手鋸、鉋子、螺絲刀、鉗子、各式起子等。父母為孩子解說工具的用途和性能，讓孩子掌握操作要領，要他們幫忙修理自己的玩具或家中壞掉的小物件。**猶太父母認為：一個從小沒有動手機會和欲望的孩子，是不會有創造力的。**他們不擔心工具會弄傷孩子，反而認為，要想消除孩子對工具的恐懼，就得教孩子瞭解它，嫻熟地運用它。

輝輝假期去滑雪場打工時，發現大部分猶太父母都會教孩子依據山坡的走向，來判斷雪深和滑速，在每一個拐彎點和「追降點」上判斷後面會不會有滑速更快的人「追尾」。有些小滑雪高手還被父母帶出去「夜滑」，逐漸學會經由觀察星空來判斷滑道的方向。跋山涉水時，家長會讓孩子觀察山澗的水勢，教會他們尋找水流較緩較淺的涉水點，以安全地徒步通過。上山時，家長不會讓孩子坐纜車，而是教孩子看地圖選擇登山路線，並根據路線來確定自己要不要帶保護繩和楞杖、食物和飲用水。經過多次跋山涉水的鍛鍊，孩子逐漸成為膽大心細的小冒險家。

猶太父母這樣做

利用生活中的各種機會，灌輸孩子「不要依賴他人」的道理

配合家庭的放手教育，以色列學校也有一些相應課程作為補充，這些課程甚至從幼稚園階段就展開，我女兒讀幼稚園時就搭上了放手教育的便車，讓我也跟著受益匪淺。

女兒妹妹剛到以色列時，正好三歲半，我把她送到幼稚園。有一天，我把她從幼稚園接回來，她迫不及待地跟我說了一件幼稚園發生的事。

那天，老師為他們上了一堂室外課。老師先把女兒班裡的小朋友都帶到幼稚園的後院，後院裡有一棵蘋果樹，不高，但是很結實，樹上結滿了蘋果。老師把一個小朋友抱到蘋果樹上，然後假裝走掉。小朋友當然就在樹上下不來。不久，老師回來，把小朋友抱下樹後，對大家說：「如果你們真的想吃樹上的蘋果，就要學習自己爬樹，或者找梯子。如果一個人把你抱到樹上，但是他走了，你該怎麼下來呢？」

女兒把這件事說給我聽：「今天有個小朋友，她到樹上下不來了。老師問：『為什麼？』我就告訴老師，我們上海也有個小故事：『小老鼠，上燈檯，偷油吃，下不來。』老師很笨，我說了半天，她也聽不明白。」

「但是，老師講的事情，我明白了。」女兒仰著自豪的小臉對我說。

我問：「妹妹，你明白什麼了呀？」

女兒妹妹一本正經地回答：「不要依靠任何人，而是要依靠自己。」

這正反映了猶太人獨特的思維方式。這種做法在非猶太人看來有些離譜，在猶太教養中卻是件稀鬆平常的事。猶太父母說：「重複幾次後，孩子就不再有依賴心理了。」

還有一次，我和兒子在特拉維夫的郊外散步，看見一對年輕夫妻帶著六歲的兒子學騎車，男孩的車陷進了泥地，父母只說了句「騎過來」就走了。但孩子實在騎不動，只好慢慢推過去。當孩子滿頭大汗地趕上父母時，父母誇讚兒子：「很好！你像個男子漢！」由於猶太父母注重對孩子的「放手」磨練，猶太孩子十八歲後就完全具備了獨立生活能力。

猶太父母這樣做

不當孩子的保母，適時「放養」，給孩子獨立生活的機會

在輝輝十五歲的時候，我曾經對他進行了一次為期一個月的放手教育。當時，我和以華以及妹妹去了趟特拉維夫，家裡只留下輝輝一個人，那是十五歲的他第一次獨自留守家中那麼長的時間。說實話，我心裡也是七上八下的。但我想經過這幾年猶太式的家庭教育，輝輝已經不是當初那個茶來伸手、飯來張口的小皇帝了，他應該具備獨立管理自己生活的能力了，這次就當成是「試飛」吧，驗收一下教育成果。

事實證明，我給他這次獨立生活的機會，對他的成長大有幫助。輝輝每天打電話跟我彙報他一天的行蹤：「媽媽，我的希伯來語成績提高了，老師表揚了我。」「媽媽，我和朋友晚上一起去市場擺攤，風油精賣得特別好，我已經跟上海的朋友說了，要他們再

猶太父母認為，一個從小沒有動手機會和欲望的孩子，是不會有創造力的。要想消除孩子對工具的恐懼，就得教孩子瞭解它，嫻熟地運用它。

幫我寄一包過來！」「媽媽，我今天對自己好一點，和阿菲去吃了揚州炒飯，還加了很多香腸。阿菲吃得都快走不動了……」（阿菲是一條很矮的小狗，輝輝把牠當成重要的家庭成員照顧得無微不至。）

等我們回到家以後，發現輝輝已經完全可以承擔一家之主的責任，把整個家管理得井井有條，還把希伯來語單字都貼在牆上，一邊做家務、一邊背單字，日子過得有條不紊。另外，他還把自己養壯了，顯示了他今非昔比的生存能力。

我把「放養」輝輝的經歷說給很多華人媽媽聽，她們有點不以為然，其中一位女兒已經十歲的媽媽，承認自己在教養的路上總是戰戰兢兢、如履薄冰，也犯了好些媽媽都有的疑心病，生怕這個世界會對自己的孩子造成傷害，總想盡自己的全力將孩子保護得更多、更久，明知那樣對孩子不好，可心裡總是放不下。這個媽媽還自我安慰地說：「比起我身邊的朋友，我還不算百分之百溺愛型，女兒算是滿獨立的，她上學時我們不接送。可是有幾個朋友反而叫我千萬不要拿孩子的未來賭，要是賭輸一次就等於輸了全部，還說養女如養花，要小心翼翼。」

「那要什麼時候才能讓孩子走出我們的視線呢？」

「還是等到他們完全有能力走出去的時候吧，要不怎麼辦呢？」

父母因為不放心，就一直不放手，到頭來，把孩子培養成「超齡嬰兒」，是不是另外一種失敗呢？

在以色列餐廳總會看到父母不幫孩子點菜，而是讓孩子自己去點。孩子會直接對櫃檯前的服務員說：「我要一個三明治，其中火腿兩片，雞蛋要生一點，加生菜，番茄片加三片就可以了。」他們點得很詳細、具體。相比之下，在華人地區經常看到的現象卻是父母問孩子要吃什麼，而孩子說「隨便」。華人家庭的教育從小就沒有充分尊重孩子的自主權利，甚至根本沒有培養的意識。而且，孩子說了隨便以後，父母替孩子點菜，等菜來了，孩子又說不喜歡不吃。但是讓他自己去點，他又不會。家庭教育不應該為社會製造沒有主見、卻挑剔人生的孩子。

只有放開手腳，讓孩子自己在人生的海洋中去搏擊，才能禁得住風浪，不至於被淹沒。不過度幫忙孩子，不培養「超齡嬰兒」，是現代父母必備的認知。

猶太父母這樣做

學會放手的四個心法

❶ 給孩子一定的時間，讓他自己去安排。和每個成年人一樣，孩子也應擁有自己的時間。如果時間安排完全由成人一手安排，孩子只是去執行，那麼孩子的自主性就永遠也培養不出來了。在孩子很小的時候，可以每天給孩子一段自行支配的時間，只要不出危險，可以自己安排最想做的事。孩子有時是玩，有時是讀喜歡的書，有時是畫畫。當然，有時也會出現忙來忙去卻什麼也沒做的狀況。這些經歷

都能有助於讓孩子懂得珍惜時間，學會安排計畫。

❷ **給孩子一個獨立的空間**。在這個空間裡，只要孩子不傷害自己，不侵犯別人，他可以隨意玩耍、學習、大笑、發洩不滿。家長不要擅自去干預，這對孩子身心的和諧發展極為有益。

❸ **年齡小的孩子，可先教他們學會自理生活**。如自己吃飯、穿衣、大小便，自己洗手、洗腳，洗手帕、襪子等；年齡大一點的孩子，可安排他們幫大人做一些力所能及的事情，例如擦桌子、掃地、倒垃圾，甚至挑菜、洗碗、洗衣做飯等。

❹ **放手，並非對孩子不聞不問**，而是教育孩子：自己能做的事自己做，不會做的事學著做，把孩子當做一個獨立的人來培養。

讓興趣督促孩子學習，比嘮叨更有效

猶太人把學習當作人生的樂趣，
家長的首要理念就是培養孩子對學習的愛好及興趣，
受到書香氣息長久薰陶，
就能讓孩子愉快地回到書桌旁。

孩子不喜歡讀書、學習，是父母心頭最大的煩惱。孩子的成績一塌糊塗，對父母來說，比自己失業還絕望。有個晚輩曾因孩子不愛讀書非常苦惱，向我傾訴：「學校開家長會，孩子的導師跟我說：這孩子上課不聽講，課後不寫作業，成績倒數，還不以為意。從學校回到家，我還得按捺住火氣督促孩子完成作業。可是，他磨磨蹭蹭，一會兒趴在桌子上看錶，一會兒又拿出PSP玩，眼看已經晚上九點多，實在忍不住了，我開始跟他講道理。可他若無其事的樣子氣得我渾身發抖，就打了他。他喘著氣、歪著頭、斜著眼，好像不認我這個媽似的。我說今天不寫完作業，就別睡覺，也不要他這個小孩！哪知道，他緊接著轉身就往外跑。外面正下著雨，我連忙要他爸爸追上去，把他抓回來。」

聽完晚輩的苦惱，我分析給她聽：在教導子女學習方面，猶太人有個著名的忠告——

不要強行給孩子套上重軛，只有輕鬆愉悅地傳達學習指令，才會得到效果。父母把孩子從娛樂場所拉回學習軌道，或者千方百計監視孩子，很難讓孩子進入學習狀態，因為雙方已經變成對峙的立場。猶太人把學習當作人生的樂趣，家長的首要理念就是培養孩子對學習的愛好及興趣，受到書香氣息長久薰陶，就能讓孩子愉快地回到書桌旁。

猶太父母這樣做

善用幽默小故事，激發孩子學習的鬥志

我的兩個兒子在學習的道路上也並非一帆風順，他們也有貪玩或缺乏進取心的時候，但是，我並沒有對他們說教，而是用一個幽默的小故事，打動孩子進取的心：

一大一小兩隻老鼠，約好一起出去遊玩。玩得盡興而歸的路上，遇見了一隻貓。貓鼠狹路相逢，兩隻老鼠落荒而逃，跑進了一條死胡同，被貓堵在了裡頭。

「這下我們肯定完了。可惜我死後，我的家人還不知道我死在什麼地方！」大老鼠絕望地說。

這時，一陣狗的狂吠聲響起。大老鼠膽戰心驚地睜開眼睛，沒有狗的蹤影啊，只看見小老鼠露出詭異的微笑。再一瞧，堵在胡同口的貓早就逃之夭夭。

大老鼠問小老鼠到底怎麼一回事。小老鼠得意地笑著說：「我學狗叫把貓嚇跑了，

你看，掌握一門外語有多麼重要呀！」

孩子們聽完這個幽默小故事全都笑翻了，兩人都說要當「小老鼠」，還寫了一張外語學習計畫貼在牆上：

❶ 學習外語一天也不能中斷。若真的沒有時間，哪怕每天擠出十分鐘也好。
❷ 早晨是學習外語的大好時光。
❸ 即使學膩了，也不要扔下不學。
❹ 隨時記下並背熟平日用得最多的「句型」。
❺ 外語好比碉堡，必須同時從四面八方圍攻：讀報紙、廣播，看原文電影、聽外語講演、研讀課本，和外國朋友通信、來往、交談等。
❻ 敢說，不要怕出錯，要請別人糾正錯誤。不要難為情，不要洩氣。
❼ 要相信自己有堅強不屈的毅力和語言方面的非凡才能。

在以色列，做媽媽的會將一滴蜂蜜滴到書上，讓孩子去親吻，讀書是甜蜜的，寓意生活中遇到困擾時，你在書中學到的知識可以幫你消除它。

所以，家長若想要徹底解決孩子的學習問題，必須先瞭解自己的孩子。如果不找到問題發生的原因，即使用了很多方法效果也有限；但如果找到孩子學習問題的癥結，再選擇比較合適的方法去解決，就比較好辦。

猶太父母這樣做

用蜂蜜連結閱讀的美好，讓孩子知道「讀書是甜蜜的！」

在以色列，父母非常注重培養孩子的閱讀興趣、習慣和欲望。孩子一兩歲的時候，他們就會為孩子準備色彩鮮豔的繪本或有奇形怪狀符號的書，一有空，就把這些書擺在孩子面前，吸引孩子的注意力。做媽媽的會將一滴蜂蜜滴到書上，讓孩子去親吻，明白讀書是甜蜜的，這是一般猶太母親培養孩子對書的感情的普遍做法。寓意是告訴孩子，生活中遇到困擾時，你在書中學到的知識可以幫你消除它，讓你感到生活的甜蜜。

以色列五百四十萬猶太人口中，擁有圖書證的有一百多萬人，全國有近三十家報刊分別用十五種文字出版，出版社和圖書館數量按人口比例居全球之冠，有近九百種刊物，平均每四千人就有一個公共圖書館。聯合國教科文組織的調查結果顯示，每年閱讀書籍排名第一的是猶太人，一年平均是六十四本。猶太人從孩提時代就建立了對書籍的興趣，因此終生維持著愛閱讀的習慣。

讓孩子愛上閱讀的十個方法

❶ **讓孩子明白學習是最重要的**。比如，猶太孩子剛懂事時，就會讓他吻滴在書上的蜂蜜；猶太人家裡的書架都放在床頭，以此表示成人對知識的尊重；猶太人婚嫁，都以能娶到學者的女兒為榮。

❷ **不要讓孩子長時間對著書本**。每天溫習一段時間就足夠了，能夠持之以恆，比長時間坐在書桌前更有效。

❸ **飯後切忌讓孩子去念書**。飯後血液正流向胃部幫助消化，這時腦部的血液會明顯減少。如果父母此時強迫孩子去讀書，只會讓孩子感到頭昏腦脹，效率低落。

❹ **尋找孩子的「生理時鐘」**。每個人都有自己的生理時鐘，在這段時間內，學習效率事事半功倍。父母要注意觀察，並和孩子一起探討出「生理時鐘」時間，選擇這段時間加緊學習。

❺ **勸告孩子不要邊聽音樂邊學習**。心有雜念學習，只會感覺學習是個負擔。

❻ **實行閱讀計分制**。父母與孩子進行閱讀討論，然後評估閱讀成效。如果孩子只是用懶散的注意力對待閱讀，那麼他的成績可能是「C」；如果孩子坦誠、滿懷喜悅和熱情地說出自己的閱讀感受，那父母一定要給他「A」。

❼**鼓勵孩子學會掌控學習時間**。在猶太父母與老師看來，管理時間是一門重要的技能，重要性一點也不亞於幾何定理。

❽**及早幫助孩子建立學習習慣**。孩子的成績問題，在於學習習慣，而不是天賦。學習需要自我意識、自我控制、自我負責。所以在孩子小時候，父母就要幫助他們盡早建立起學習的習慣。

❾**督促孩子學習切忌嘮叨，切忌大小事都要干涉**。在家長的絮絮叨叨、指責數落中，孩子絕不可能有愉快的心情，也就很難進行主動積極的思考。

❿**切忌急於求成，注重循序漸進**。由於對孩子寄予很大的期望，家長容易制訂過多的學習計畫，抓緊一切機會和時間讓孩子學這學那。務必要根據孩子的情況循序漸進，量力而為。春風化雨遠勝有頭無尾的轟轟烈烈。

退居二線，協助孩子建立自主學習的觀念

「退居二線」的父母用興趣和願景，幫孩子建立自主學習的觀念。這個觀念一旦形成，將伴隨孩子終生。而父母在「二線」位置應該做的就是：分析孩子的特質，做他們的顧問和軍師，幫他們盡快找到興趣和願景。

回想當初，我把兒子接到以色列就是想讓他們接受更多的教育，讓他們成為全才。這是我身為一個母親始終堅守的想法，畢竟考試是改變人生命運最公平的途徑。為此，我寧肯付出一切，也要供孩子上名校、念大學。

以華性情內向、做事沉穩，對以華的教育，我採用分析探討的方式，適當地多給他一些壓力，推著他往前走。但是，對輝輝就不行。他比哥哥有主見，獨立性更強，也更有生意頭腦，而且他已經從中嘗到了甜頭，他會不會成為不愛知識、只愛賺錢的守財奴呢？而且，我似乎也在他身上感受到一點點「學習無用論」的想法，但如果我每天在他耳邊嘮叨「書中自有黃金屋，書中自有顏如玉」，又怕他只是左耳進右耳出。

怎麼辦呢？剛好當時發生了一件事，讓我就地取材對輝輝進行了一次「機會教育」。

適時引導，讓日常生活中的小事件，轉換為奮起學習的催化劑

那天，輝輝放學後去麵包店打工，麵包店的玻璃窗外，有個書卷氣的年輕小夥子開著一輛名車，停在名人出入的咖啡館外；一位時髦的女孩坐上車後，車子便瀟灑地揚長而去。回家後，輝輝無比欽羨地向我描述這一幕。

我對他說：「孩子，人沒有知識，是沒有辦法實現這樣的生活的。你只看到猶太商人生意頭腦好，錢包裡頭錢多，但你知道嗎，猶太商人大多知識淵博，也都有高學歷。如果你沒有知識跟學歷，只能做一個小商販，進不了大商人的行列，也無法過你羨慕的那種生活。」

輝輝馬上說：「媽媽，我必須要讀書，而且要好好地念。」輝輝立刻將言語化為行動，在麵包店打工時，他把書都影印好，貼在架子上，有空就看一眼。他的床頭也貼滿單字卡，睡前把白天學的單字都背一遍，甚至把上海帶來的《新概念英語》都翻爛了。

後來，我和輝輝上《心理訪談》節目時，輝輝把這段經歷與大家分享。專家陳慧聽完後感慨地說：「**華人家長在鼓勵孩子學習的時候，常常只描繪美好的遠景，但由家長為孩子設定的遠景，對他的激勵作用可能比較小**。然而，輝輝的遠景是在家長的激勵下，由他自己設定的，因為輝輝想要過這樣的生活，所以他的遠景非常具體，也不是別人的遠景，這樣反而更容易喚起他的鬥志。所以，家長給了孩子優越的物質條件，反而讓孩子沒什麼願望。愈是錦衣玉食，愈是沒有目標。」

透過這個事件，可以看出讓孩子熱愛學習、主動設計自己的理想，與父母逼著孩子學習、樹立理想相比，效果將截然不同。在孩子有了理想和目標的情況下，父母再來協助他實現目標，孩子就不會抗拒了。

我讀過通用電氣公司前總裁韋爾奇（Jack Welch）的自傳，裡頭寫道：他九歲就在父親的勸導下去高爾夫球場當球童。但父親不是要他去賺取高額的酬勞，而是希望他在那個各界成功人士常常光顧的休閒場所中，藉由觀察他們的言行受到激勵，找到人生的座標和榜樣，尋找「自己也想成為的那個人」。

韋爾奇沒有辜負父親苦心孤詣的家教，他經過模仿和努力，在四十五歲那年就擔任了百年企業的CEO。

猶太父母這樣做

用興趣和願景，幫孩子建立起自主的學習觀念

我觀察過很多華人家庭，家長對自己的孩子步步緊逼；甚至有些家長的行為用「強迫症」來形容也不為過。這樣的家長，下班回家馬上看孩子是不是坐在桌旁寫作業，孩子一看電視就催促他快去做功課；如果孩子不及時服從命令，就會大發雷霆，直到孩子拿

起作業本為止；要是孩子很快就坐到桌前，他們又會心情舒展，內心充滿希望。很多家長不瞭解，這種反覆、過度的不良刺激，會降低孩子的學習效率，也就是說，父母一張口，孩子最直接的反應就是不想聽、心煩，還可能會產生抗拒叛逆的心態。

這些家長也許從來沒想過「退居二線」，讓孩子去體會一下學習與家庭、與自我未來之間的重要聯繫。我覺得無論孩子多大，家長都有必要讓孩子感受到自己是家庭的一份子，感受一下自己的命運與自己現在努力的點點滴滴緊密相連。其實，這就是培養孩子對自己人生的責任感。**如果有機會，父母可以陪伴孩子，在他們感興趣的領域裡尋找才德兼備的優秀人士，讓孩子去效仿。**當然，我們不要把成功的概念定義得太狹隘，我們周圍就有許多優秀的人可以作為孩子的榜樣。

「退居二線」的父母用興趣和願景，幫孩子建立起自主學習的觀念。這個觀念一旦形成，將伴隨孩子終生。沒有這種自主性，即使去上昂貴的輔導班、購買昂貴的教材也無法給予孩子正確的指導。

拿輝輝來說，我用興趣和生活願景促使他自發地建立了對學習的渴望，等輝輝讀大學時，我就更輕鬆了，完全不擔心他會荒廢學業。因為他腦海中已經有了「我也要成為這樣的人」、「我以後要做……」等模範，他知道這類夢想並不是自動實現的，所以他需要好好擬定計畫，一步步實踐。

果然，輝輝在讀大學期間不只對外語學習興致勃勃，還對鑽石鑑定表現出濃厚的興趣。為了掌握鑽石鑑定知識，早日拿到專業鑑定資格，他珍惜分分秒秒。除了鑽研專業知識，只要一有空，他就去參加各種國際展，當翻譯、找資料，絕不虛度光陰。

成為上海灘小有名氣的鑽石商之後，輝輝並沒有停止前進的腳步，還是在跟時間賽跑。被問到不到三十歲就成為世界富豪的成功祕訣時，輝輝回答：「尋找自己喜歡和擅長的路走。因為我對鑽石專業感興趣，所以才能滿懷激情，不怕辛苦，直到成為這個領域最專業的人。有興趣，自然就能夠集中精力投入，在感受快樂的同時，成功也隨之而來。」

終生學習能力不是父母能夠替孩子代勞的，所以，我們不妨向猶太父母學習，有策略地「退居二線」，讓興趣和能力代替我們焦灼的身影，引導孩子走向更廣闊的世界，成為改變孩子未來命運的關鍵。**父母在「二線」位置應該做的就是：分析孩子的特質，做他們的顧問和軍師，幫他們盡快找到興趣和願景。**

讓孩子熱愛學習、主動設計自己的理想，與父母逼著孩子學習、樹立理想相比，效果截然不同。

父母的角色不是管家，而是參謀的軍師

以色列的任何地方，都不難看到爸媽和孩子在對話。當然，這樣的對話教育要求父母有足夠的理解和耐性。

猶太父母把自己定位為「參謀」，注重培養孩子的選擇判斷能力。即使孩子做出和父母期待不同的決定和行為，父母也會相信並守護他們。

猶太教養有一句至理名言：「不相信孩子，什麼都替孩子去做決定，等於是剝奪了孩子自由發揮的機會。等到孩子自己來向你徵求意見或尋求幫助時，再做決定也不遲，反而會像孩子自己期待去做那樣，帶來很好的結果。」

受猶太教育的薰陶，我瞭解做母親最深奧的藝術不是做事事包辦的管家，而是做「觀察、提醒、參謀」的軍師。

猶太父母這樣做

不以自己的價值觀替孩子選擇，鍛鍊孩子的獨立思考力

對於孩子的學校生活、人際關係和前途問題，我把自己定位成孩子的軍師，為孩子提供類似指南針的幫助，不會妄加干涉或強制執行。因為人生不是數學，沒有準確答案。

很多父母非常願意在孩子身邊，不辭辛苦地替孩子做選擇；但是，父母根本不可能為孩子做出所有的選擇，孩子最後還是要自己決定和判斷。父母應該要做的是多給孩子動力，多訓練孩子自己做選擇的能力。

父母幾十年人生經驗的積累，都是真正寶貴的智慧，但是，人生不是單行道，尤其在孩子的長遠人生中。**請不要用自己的價值觀替孩子思考，因為價值是會變動的。**父母反而應該幫助孩子想想：「孩子，想想你的興趣在哪裡、天分在哪裡？你能不能擁有快樂的生活？你是否準備好要終生學習？」作為父母，我們要鍛鍊的是孩子的思考能力、選擇能力、尋找價值能力。

以色列流傳著一句教子名言，出自猶太後裔愛因斯坦口中：「教育的目的是把每個人都訓練成有獨立思想的人。」

我在以色列的特拉維夫，有位當醫生的好朋友。有一天，聊起孩子的職業選擇，他對我說：

「當我兒子說他想考醫學院時，我告訴我的兒子，如果你只是想賺錢，那你就要重新再思考一下。」

我當時聽了他的話大吃一驚，問他為什麼，不是有很多年輕的學生，為了將來能有一份收入好的職業，才拚命地要考醫學院嗎？

我的這位猶太醫生朋友莞爾一笑，說：「我不是反對我的孩子當醫生，但如果他只是為了賺錢多就去學醫，他遲早有一天會後悔。而且他最終也無法勝任一個好醫生。因為醫生這個職業非常辛苦，先要花七年的時間讀醫學院，當了住院醫師，常常是三天兩頭不能睡覺。好不容易當了主治醫師，即使自己擁有了一間診所，也必須每天和愁眉苦臉的病人打交道，沒日沒夜的。

「我希望我的孩子，是真正因為有治病救人的理想，真正有濟世的使命感，才去走這條路。而不是簡單地因為金錢的驅使。我不想左右孩子的未來，但是，我會給他這樣一個提醒，讓他再重新思考一下自己的選擇。」

反觀今天的華人家庭教育，往往著眼於孩子將來是否有出息，能否找個好職業，能否在順境中度過一生。所以，一看到在國內或世界上出現了優秀的網球選手，就要孩子去學網球；覺得電影明星很耀眼，就讓孩子去考表演學院；別人家出了鋼琴家，自己的孩子也要去學……殊不知，成名的人為了尋找適合自己的道路，經歷了多少苦惱、努力、挫折和教訓！這種父母根本就沒有考慮到這些，只是單純按照自己的價值觀來安排孩子的人生路。

作為父母，我們是否也該捫心自問：我們有沒有因為眼界的狹窄，而對孩子做出錯誤的教育？會不會因為今天的失誤，使孩子輸掉未來？很多家長總喜歡把孩子的一切道路規定好、安排好，孩子只要安心學習就好了，至於思考能力、選擇能力、自我探索能力卻常被忽略。如果父母想通過包辦一切，讓孩子做「最好的自己」，那是很難長遠的。

習慣父母打理好一切的孩子一旦進入社會，就算不被欺負，也不會被重視。

猶太父母這樣做

經常與孩子對話交流，誘導孩子進行思考

猶太教養則與此完全不同，著眼點在於培養孩子獨立思考的能力。思考是由懷疑和答案組成的，思考是學習的基礎。他們教育孩子，學習是打開智慧大門的鑰匙，而思考能讓你推開大門，走進更廣闊的天地。因此，猶太人非常注重父母和孩子之間的想法與感情交流，經常與孩子對話、溝通，也常誘導孩子進行思考。因此，猶太人也擁有卓越的口才和判斷力。

今天的華人孩子博聞強記，比以往的孩子更聰明，但他們的心靈卻有著更多的困惑。孩子習慣聽從父母、老師的安排，從小就迷失在「不會建立人生座標」的海洋裡，判斷力相當不足。

北京師範大學教授、學術明星于丹談到教育時說：「今天的中國孩子是物質上最富足的一代，也是精神上最貧乏的一代。今天的教育無論從教學方式或教學環境上來說，都

猶太人非常注重親子之間的想法與感情交流，
猶太父母經常與孩子對話、溝通，也常誘導孩子進行思考。

處於最好的時代，但也是存在很多陷阱的時代。讓錦衣玉食的孩子擺脫哀愁的辦法，就是讓他們『遼闊』起來，幫他們建立起人生座標。當一個孩子的世界裡只有數學奧林匹亞和英語，只有練琴和考試，他也就無法明白什麼是理想、責任、社會擔當。」

要怎麼幫孩子學會建立人生座標？如何教孩子學會面對人生的選擇題？

比爾．蓋茲的父親曾說：「直到今天，我兒子對一些事的看法仍舊非常頑固，我卻選擇了容忍和支持，這在很大程度上成就了日後的他。」

人生不是數學，沒有準確的答案或公式。世界愈複雜，需要正確判斷和選擇的時候愈多。很多父母非常願意在孩子身邊，不辭辛苦地替孩子作選擇。但是，父母根本沒有那麼多精力為孩子作所有的選擇，正確的判斷和選擇最終還是要孩子自己來作出。這時，父母就應該訓練孩子自己作選擇的能力。

猶太父母這樣做

孩子的人生交由孩子去負責，父母只擔任一旁諮詢的參謀

諾貝爾文學獎得主、以色列女作家戈迪默（Nadine Gordimer），談到猶太民族的家庭教育時說過一句話：「我們的家庭教育是民主、開明的，父母在教育上首先是尊重孩子的選擇，他們從不強迫孩子，總是鼓勵我們自我思考並做出選擇。」

是的，戈迪默說得沒錯。身為從中國移民到以色列的母親，我從四十四歲開始，接觸

到猶太教養，發現猶太孩子比華人孩子話更多，看起來似乎更吵鬧。以我們熟悉的華人教養來看，孩子應該聽父母的話，而不是和父母爭論不停。但是在以色列的任何地方，都不難看到爸媽和孩子在對話。當然，這樣的對話教育要求父母有足夠的理解和耐性。不過，**猶太父母把自己定位為「參謀」，極大提高了猶太孩子的選擇判斷能力。**

有的猶太學生本來攻讀心理學，後來改讀法律，最後當了律師；也有的本來念哲學系，突然就轉到醫學院，這種換科系的情況，在猶太學生中極為常見。這是因為他們一直在尋找最適合自己的領域，因為他們相信，只有這樣才能將自己的能力發揮到極致。至於在選擇過程中出現的錯誤，也幫助他們擴大了視野、豐富了體驗。

將孩子的人生交給孩子自己去負責，讓他們自己支配學習和娛樂的時間，自己選擇未來想從事的行業，自己決定每天二十四小時怎麼度過……這會有很多好處，最大的好處就是能培養出用錢也買不到的自主能力。

猶太父母這樣做

尊重孩子的選擇，並給予支持

孩子的自主能力一旦培養起來，父母也會變得比較輕鬆。即使父母不要求，孩子也會自覺地去做，那還有什麼好操心的呢？但是，要想達到這種程度，有件事情很重要，那就是：**即使孩子做出和父母期待不同的決定和行為，父母也要相信並守護他們。**

輝輝讀大學時，我跟他聊天，本意是希望他讀外語時，多關注一下旅遊行業，因為當時中國的旅遊業非常受外國重視，是個比較有前景的行業。但是，兒子比我的眼光還要長遠。他推心置腹地跟我說：「媽媽，我每天出去觀察、尋找，會給自己訂下指標。我不是要賺錢，而是一直在思考自己該鑽研哪個行業，希望自己每天的時間過得有價值。」

鑽研是猶太人的成功之道。分析眾多猶太商人的成功之路，他們大多是先通過鑽研成為某領域的行家，而後以之起家的。在以色列跟猶太商人打交道，你也會發現，他們知識淵博，眼界開闊，不愧是擁有幾千年輝煌商業智慧和商業實踐的民族。

「兒子，你有什麼想法？」

「媽媽，我想試試鑽石業。」輝輝試著分析自己的觀察：他為以色列鑽石公司老闆做過一次翻譯，過程中，他覺得自己和鑽石結下了奇妙的緣分。儘管要成為鑽石行家絕非易事，鑽石的鑑定和分級是技術性極強的工作，需要從業人員付出超乎常人的努力。但是，他還是想把握這個機遇。

兒子想挑戰鑽石行業，做母親的我又驚喜又擔心。猶太人有長達三千多年的鑽石貿易史，以色列是世界上鑽石加工自動化水準最高的國家，世界各地的鑽石商主要都是猶太人。成為鑽石商，是我想都不敢想的事，但輝輝卻敢於有這樣的夢想。我擔心的是，猶太鑽石商是全世界知識最廣的商人，有句俗語形容他們：很可能就連「太平洋底部有哪些特殊魚類」這樣的冷僻問題都一清二楚。這麼高的門檻，輝輝怎麼跨得進去呢？

但是，我明白自己的定位，我是兒子的參謀、顧問，不是兒子的領導，不要指手畫腳來安排他的人生，我要做的就是適當地提醒和支持。我說：「兒子，如果你要進鑽石業，那你就要馬上輔修鑽石鑑定課程，而且不能耽誤你的主修。」

輝輝選對了行業，付出了超乎常人的努力，抓住了人生的機遇，當中國鑽石市場出現龐大的需求時，他也如願以償實現了夢想，成為學識淵博的成功商人。

輝輝的成長過程給了我啟發，今天是全球化時代，人才競爭早就不同以往。作為父母，要鬆開捆綁孩子心靈手腳的枷鎖，讓孩子按照自己的心志，以他自己的速度，去尋找自己的人生座標。

這樣的道理，也許用輝輝自己的話來講，更有說服力。輝輝有次在電話中對我說：「媽媽教育我們的時候，一直幫我們尋找座標，鼓勵我們建立理想，思考自己的道路。我非常感謝這一點。我懂事以後回想，在我們小的時候，媽媽帶著我們三個孩子那麼辛苦，生活也不富裕，本來應該教育我們多多賺錢的。但是，媽媽沒有這麼做。我按照媽媽的教育，盡全力去追求自己的理想。後來我去上海讀大學，媽媽還支持我，花很多錢

不要用自己的價值觀替孩子思考，因為價值是會變動的。
作為父母，我們要鍛鍊的是孩子的思考能力、選擇能力、尋找價值能力。

去學鑽石鑑定，鼓勵我不要只看眼前的利益，要把眼光放長遠。現在，我事業成功，經濟條件不錯，能夠自由、幸福地生活，都是媽媽的功勞。」

在女兒的成長過程中，我也堅定不移地站好我的參謀崗位。每逢假期，我常約女兒一起喝下午茶，在優雅的音樂中，和女兒邊喝茶邊聊聊她的夢想。這是我和女兒的「蜜糖時間」。我的經驗是，比起正襟危坐地在家裡對孩子發號施令，父母在這種氣氛中更容易和孩子心貼心，真正發揮顧問的作用。

女兒夢想當外交官，想讀政治經濟系。為了實現這個目標，她一直在用自己的小手努力鋪路。我告訴女兒，我為她感到驕傲，因為她有夢想、敢擔當，無論未來她的外交官夢能否成真，她自己動手鋪就的路一定會延伸到更遠的彼岸。

未來社會，行業起伏變幻莫測，一會兒ＩＴ熱，一會兒金融熱，父母也沒有千里眼，沒法幫助孩子安排穩定的職業。韓國勞動局做過一項職業發展調查，顯示截至二〇〇九年，韓國的職業種類已達一萬二千四百九十種，和五十年前的一千多種相比，足足增加了十倍以上。知識經濟的崛起更考驗年輕人的事業規劃能力，更要靠他們自己去思考、判斷、決定、實施及改變。

真正為子女幸福著想的父母，在這個時代要改變傳統的教養觀念，要有超越世俗成見的慧眼，自己向後退一步，為孩子多創造挺身而出、探索外界資訊的機會，而不是衝鋒在前，一手包辦，擋住了孩子展望未來的視線。

如果孩子有自己的想法和方向，而且有決心去做，家長就要放手。家長若有不同的意見，在彼此充分溝通後，最好還是讓孩子自己做決定。讓孩子能按照自己的心志，以他自己的速度，去尋找到自己的人生座標，朝著或許平凡卻不平庸的理想人生前行。只有在深入思考之後產生的信仰，才是最堅定的信仰，儘管飛得慢，卻能續航到終點。

猶太父母這樣做

培養孩子選擇能力的八個祕訣

1. **既要鼓勵孩子去嘗試，也要培養孩子承擔後果的勇氣。**
2. **培養孩子的好奇心。**不要什麼都教他們，讓他自己去試，失敗也沒關係。
3. **把選擇權給孩子。**讓孩子成為自己的主人。
4. **要信任孩子。**信任比懲罰更能激起責任感。
5. **需要練習，需要犯錯，需要重複。**選擇力的培養，像其他能力的培養一樣，需要經一事，才能長一智。每一個選擇的後果，都能培養孩子對責任的承擔。
6. **傾聽孩子的奇想。**在父母眼裡，孩子天馬行空的想法，日後說不定就會成為震撼世界的創意。別再把孩子圈在固定觀念裡，要放下保守想法，接納「隨心所欲的孩子」，多給予肯定和表揚。
7. **談到孩子的未來規劃時，父母不要操之過急。**應該和孩子一起思考，並採取一致的態度，不要過度強調自己的想法，因為父母認為的成功捷徑，有時候反而是孩子通往成功的絆腳石。

❽ **多提供孩子探索和體驗資訊的機會**。包括帶孩子參加博覽會、體驗職業等。和孩子一起關注職業訊息，並協助孩子訂下具體目標和計畫。

容許孩子從錯誤中學習人生重要智慧

父母看到孩子做出錯誤的決定時，往往都會坐立不安，建議不妨給孩子留出思考空間，不要把他們逼得無路可走。因為這對孩子來說就是一種珍貴的教訓，經過這樣的經歷，孩子才會養成對自己負責的習慣。

網路上流傳著一則以色列家喻戶曉的故事。

有個漁夫的捕魚技術一流，被人們尊稱為「漁王」。漁王年老時卻非常苦惱，因為他三個兒子捕魚的技巧都很平庸。

於是他經常向人訴苦：「我真不明白，我捕魚的技術這麼好，我的兒子們為什麼這麼差？打從他們懂事起我就傳授捕魚技術給他們，從最基本的東西教起，告訴他們怎樣織網最容易捕捉到魚，怎樣划船最不會驚動魚，怎樣下網最容易請魚入甕。「等他們長大了，我又教他們如何看潮汐，辨魚汛……我將自己長年以來辛苦總結的經驗，毫無保留地傳授給他們，但他們的捕魚技術竟趕不上技術比我差的漁民的兒子！」

一位路人聽了他的訴說後，問：「你一直手把手地教他們嗎？」

「是的，為了讓他們得到一流的捕魚技術，我教得很仔細很耐心。」

「他們一直跟隨著你嗎？」

「是的，為了讓他們少走冤枉路，我一直讓他們跟著我學。」

路人說：「你的錯誤很明顯。你只傳授他們技術，卻沒傳授教訓給他們，對於才能來說，沒有教訓與沒有經驗一樣，都不能使人成大器！」

歲月的滄桑讓漁王累積了大量捕魚的經驗和竅門，他想把這些祕訣傳給兒子，渴望他們通過捷徑、迅速成為漁王。但是教導的方法錯誤，導致欲速則不達。

猶太父母
這樣做

讓孩子親身經歷生活的苦樂，才是最好的教育

做父母的也像漁王一樣累積了寶貴的人生財富，又何嘗不想迅速傳授給孩子，讓他們少犯些錯呢？但是，**我們常和漁王一樣忽略了有效教育的關鍵字：體驗。**

其實，每個人出生都是一張白紙，經歷的每件事或每次跌倒，都是一篇生動的文章，每個人都想要在生命的白紙畫上多姿多彩的圖畫，毋須父母畫好框架、越俎代庖。

來以色列不久，輝輝跟我說，他想買一輛二手自行車。我想，孩子上學放學也方便，

再說家裡確實也需要一輛自行車，就答應了。

輝輝跟鄰居家的小孩一起踢球時，就問大家誰知道哪裡有賣舊自行車。鄰居十四歲的兒子布朗馬上說：「我知道誰要賣，我幫你聯絡。」

輝輝聽了特別感動，馬上跟他說：「太好了，謝謝你。那就麻煩你了！」

我們家和隔壁鄰居一直處得很好，他們知道我們是謝莫納鎮第一家中國移民，平時很照顧我們，我時常要輝輝把自己做的春捲拿給他們吃，他們也常常做各種小點心送給我們品嘗。我想，隔壁孩子主動說幫忙，一定會幫的。再說，隔壁孩子也知道輝輝想買自行車，送春捲更方便，他會幫輝輝留意的。

果然，沒兩天，鄰居孩子布朗就過來敲門找輝輝：「我幫你聯絡好了，價格是一百五十謝克爾。你現在跟我去牽車。」

輝輝拿著錢就跟鄰居孩子下樓了。到了樓下，他讓輝輝先等一下，去馬路對面把車子牽過來。輝輝拿到車，就把錢交給鄰居孩子，由他交給馬路對面的賣主。

幾天後，輝輝回家後垂頭喪氣地對我說：「媽媽，我遇見自行車的賣主了，他說，他是以一百個謝克爾賣出的，但是，布朗為什麼要賣給我一百五十謝克爾呢？他怎麼能賺我這麼多？」

輝輝說什麼也不能理解，隔壁鄰居為什麼要賺自己五十謝克爾。我聽完後也很不理解，他怎麼能這樣賺鄰居的錢呢？而且一下就賺了三分之一！怎麼這麼沒同情心？

但另一方面，輝輝做事也有點欠考量，太嫩了。

父母看到孩子做出錯誤的決定時，往往都會坐立不安，如芒刺在背，但父母看到孩子犯錯時，不妨給孩子留出思考空間，不要把他們逼得無路可走。

當孩子做出的決定不能如孩子心意發展的時候，我反而會感到高興，因為這對孩子來說就是一種珍貴的教訓，經過這樣的經歷，孩子才會養成對自己負責的習慣。

我問輝輝：「他要你站在馬路對面不要過來時，你為什麼站在原地不動呢，為什麼不跟上去問一下？」

輝輝就問我：「媽媽，如果是你，你會怎麼辦？」

「但是孩子，你不是我。如果是我在，我就會取消這次交易。但是媽媽知道，你太想要那輛自行車了，所以就當花錢買教訓好了。」

「媽媽，我當下知道真相的確是不想買了，但話到嘴邊，我沒說。媽媽，我明白了，我知道自己太嫩了。」

不過，我還要對孩子進行正面教育。我告訴輝輝，不能因為布朗占了你五十謝克爾的便宜，就對友誼失去信任、對誠實失去信仰。眼前的得失並不重要，重要的是不論得與失都不改變自己的本性，那就是要做一個正直的人。

這件事過後，還有一個意外收穫：輝輝學會了做生意的基本概念，就是掌握成本和利潤的關係。布朗把幫輝輝聯繫自行車賣家、打電話聯絡、出力跑腿的費用都算進自行車的成本中，這個成本概念給輝輝上了一堂生意課。做生意是要賺錢的，當然同學、鄰里、朋友之間還是要另當別論。

猶太父母這樣做

給孩子犯錯的空間，讓他從失敗中學會更重要的人生道理

開放的社會受到多元文化的影響，社會環境會愈來愈複雜，所以，家長也要引導孩子凡事多思考、多辨別，否則不僅可能好心辦壞事，還可能受騙上當，自身安全也沒有保障。但從家長的主觀期望來說，卻不希望孩子頭腦複雜，因為孩子就像小動物，雖然生長在備受約束的人類社會裡，卻單純得難以明白人情世故。然而，孩子在學習和摸索時，需要調整自己行為的過程，這又更需要成人的包容和理解，也就是給他犯錯的空間。

「自行車事件」讓輝輝結結實實上了一課，這堂課看似不盡如人意，卻難能可貴。輝輝進入鑽石業後，做生意善於思考和分析，遇到商機不衝動、不急躁、不魯莽，會琢磨一下對方話裡的意思，分析一下消息的來源及真偽，再決定如何應對。而且，他還從「自行車事件」中汲取了一個道理，就是以誠信為本，不計較眼前得失。這樣一來，他的朋友愈來愈多，生意愈做愈大，從中國到日本、韓國、新加坡、越南、菲律賓……輝輝常說：「當時，媽媽沒有埋怨我被鄰居小孩騙了，卻反過來告誡我做生意最重要的是

誠信。在以色列，如果一個人又精明又壞，那他的生意就別想做了。我做生意時，從來不怕精明人，怕的是不守信譽的人。商人只有精明，生意才能做下去，合作才能長久。」

其實，輝輝即使不在「自行車事件」上摔這一跤，也遲早會摔跤，這是成長的必然規律。總結幾次經驗後，我發現孩子由於擁有的知識不夠豐富，加上邏輯思考能力不成熟，因此常常無法做出正確判斷；但隨著他們身心成長及知識增加，慢慢就擁有做出正確決定的能力了。在這個過程中，累積經驗很重要，也就是說，父母必須給孩子練習如何做決定的機會。在練習過程中，一定會做出錯誤判斷，但錯誤的經驗將是孩子做出正確決定的基礎。

父母把生命帶到世上，是要讓他自己去體會、去經歷，所謂「Life is a journey, not a destination」（生命最重要的是過程，而不是結果），而我們卻往往因為愛子心切，把孩子們該去經歷生命的自由殘忍地扼殺了。

我也犯過這樣的錯誤。有一次，女兒學校裡舉行芭比娃娃服裝比賽。我買過很多芭比娃娃給女兒，她平時就很喜歡拿著剪刀幫娃娃做衣服。

女兒對芭比娃娃服裝比賽很認真，她在家裡剪剪縫縫，其實做得很不錯，她為芭比娃娃裹了五顏六色的布塊，還做了頂帽子，上頭插了一根羽毛。

我看到之後，就把一個看起來比較繁瑣的地方去掉了。女兒幫不上忙，索性在一邊自己玩了起來。雖然我最後幫她做的作品肯定比她自己設計的更協調，但是，想一想：我幹嘛要反客為主呢？

如果我常常懷著這種愚蠢的「憐憫心」，用自己的「剪刀」為兒女精心割剪一切阻攔，使孩子們輕易得到想要的東西和想做的事，那麼孩子便難以形成經過「掙扎」才能獲得的健壯體魄和堅韌不拔的性格，反而更容易成為未來社會競爭中的失敗者。真愛兒女，就要用父母的智慧，幫他們鍛鍊出強健的翅膀，而不是阻擋他們爬出繭外。

猶太父母這樣做

培養孩子處理突發狀況能力的六個原則

❶ **傾聽是一劑良藥。**傾聽不需要教育孩子「你應該怎麼做」、「你不應該做什麼」。傾聽是作為一個有耐心、善解人意的聽眾，去撫慰孩子受委屈的心靈。

❷ **協助孩子理清思路。**孩子面對突發狀況時，難免徘徊、猶豫，甚至不知所措。在這種情況下，父母應該幫助孩子理清思路，給孩子一個思考的機會。

❸ **對孩子的獨立做出及時的回饋。**與此同時，父母的意見只是參考，不是命令。父母必須給孩子練習如何做決定的機會。練習過程中，一定會做出錯誤判斷，但錯誤的經驗將是孩子做出正確決定的基礎。

❹ **不要讓孩子感覺到自己的一切都在父母監控之下**。父母的即時監控容易把孩子處理突發問題的能力消磨殆盡。

❺ **如果孩子天性膽小懦弱、缺乏決斷能力，父母不要有意刺激他**。要引導孩子將心裡的恐懼說出來，體諒他的顧慮，接納他的感受，同時向他表示支持。

❻ **多帶孩子到公共場所**。開闊孩子的視野，消除他對陌生環境的恐懼，增強處理突發問題的適應性。

「解決問題的能力」這樣教

華人孩子與猶太孩子「解決問題的能力」超級比一比

評比項目	華人孩子	猶太孩子
天賦發展	從小接受各種才藝教育，大多無法持續或精進，爸媽的過度干涉，反而讓他不知自己的興趣何在。	熱於挑戰、嘗試各種事物，有足夠的專注力和耐心去鑽研，並發掘自己的興趣所在。 勝
親子關係（安全感）	討厭父母的過度管束、支配，卻也缺乏獨立的能力，缺乏安全感，容易陷入矛盾的情緒。	在父母的尊重下長大，與爸媽維持了良好的關係，有足夠的安全感向外探索，進而獨立。 勝
閱讀力	自小被逼迫要讀書，覺得讀書是一件辛苦、不快樂、被強迫的事情。	從小在全民閱讀風氣的耳濡目染下，培養了對讀書的興趣。認為閱讀是一種享受，是一件美好的事。 勝
自主學習	不知道為什麼要學習，對於學習往往採取被動的態度。	由於擁有明確的願景，因此對學習抱持是積極、主動的態度。 勝
獨立思考（選擇力）	一直以來，身邊大小事往往都由父母決定、安排妥當，因此無法自己做抉擇，也不願負擔抉擇後的責任。	自小接受思考訓練，往往很有主見，能夠獨立思考並為自己的決定負責。 勝
處理突發狀況的能力	在過度保護之下，很少親自面對障礙或失敗，也無法累積足夠的智慧，因此往往無法處理突發的問題。	習慣從錯誤中學習，面對生活中的突發問題，往往能夠用之前累積的智慧解決。 勝
問題解決力總評	缺乏主見，逃避問題，依賴心強，需要父母時時照顧的「超齡嬰兒」。	有主見，勇於面對問題，越挫越勇的「獨立成人」。 勝

華人父母相信「不聽老人言，吃虧在眼前」，為了避免孩子失敗或走冤枉路，他們努力為孩子排除一切障礙，但習慣讓爸媽為自己做決定的華人孩子往往不知自己的天賦何在，缺乏自發的願景，也沒有足夠動機去學習，沒有主見的他們，遇到問題往往不知如何解決，是離不開父母的「超齡嬰兒」。另一方面，猶太孩子在「放手教育」的訓練下，他們知道爸媽永遠支持自己，有足夠的安全感向外探索，目標明確，熱愛學習，有主見，勇於面對問題，並負起責任。

「放手教育」包含哪些能力訓練，各項訓練該從何時開始實施？其終極目標為何？

猶太父母主張「放手教育」應該從小做起，他們會根據孩子成長的各個階段，漸進地放手，直至孩子獨立。在「放手」磨練下，猶太孩子十八歲後就完全具備了獨立生活的能力。以下是「放手教育」中各項訓練的目標，以及訓練的建議開始時間，爸媽可依據孩子的狀況，提早或延後訓練時程。

慢養教育

讓孩子練習自己吃飯、倒水、上廁所、收拾玩具↓基本自理能力培養、訓練大小肌肉動作、手眼協調（2歲～）

放手教育

探索外界↓訓練觀察力、培養好奇心、認識世界（1歲開始走路～）

整理書包、上學用品↓學會對自己負責、不依賴（國小～）

動手使用工具↓培養創造力、學習使用工具（國小～）

接觸自然↓鍛鍊基本生存力、培養膽大心細的膽識與智慧（國小～）

寬容孩子的錯誤↓讓孩子學會自省、寬容（國小～）

性教育↓尊重他人隱私、性知識（國小高年級～）

自主學習

吻甜書儀式↓學習「書是美好的事物」、「讀書的體驗是甜的」（2、3歲～）

親子願景對談↓即早發掘自己的興趣、訂立目標與遠景（國小～）

打工↓建立願景、找到將來的模範（國中～）

獨立思考訓練

親子對談↓培養思考力（幼稚園～）

學校科系選擇↓訓練獨立思考與選擇力（高中～）

職涯科系選擇↓訓練獨立思考與選擇力（大學～）

PART 5

用「樂觀」與「愛」建立深厚親子關係

有些家長擔心「有償生活機制」「延遲滿足」「放手教育」會影響親子關係，其實這是沒有理解猶太教養的精髓。
一開始，我也擔心猶太教養會破壞我和孩子們之間的感情，實際接觸之後，我才發現猶太父母從不忽視親情的培養，他們用樂觀灌溉孩子，用愛經營親子關係，孩子與我的關係非但沒有疏遠，反而因此變得更加親密。

有償生活機制最重要的課題
——經營親子之愛

真正有智慧的父母，會通過愛讓孩子感受到「這是爸媽為我的未來而做的」，當孩子借助父母的篝火之愛發生脫胎換骨的改變，親子之情不僅沒有被稀釋，隨著孩子年紀增長，反而會更感激爸媽的用心良苦，更欽佩他們高瞻遠矚的智慧。

有些家長擔心：「有償生活機制會不會破壞我和孩子們之間的感情，那豈不是得不償失？」其實，這種想法是沒有理解猶太教養中有償生活機制的精髓。有償生活機制的目的在於，讓孩子學做家事，從小培養孩子的理財智商，激發他們的生存技能，點燃他們的夢想，而不是要做狠心的父母。

真正有智慧的父母，會通過愛讓孩子感受到「這是爸爸媽媽為我的未來而做的」，當孩子借助父母的篝火之愛發生脫胎換骨的改變，親子之情不僅沒有被稀釋，隨著孩子年紀增長，反而會更感激父母的用心良苦，更欽佩父母高瞻遠矚的智慧。所以，「有償生活機制」最重要的課題，首先是經營好父母和孩子之間的愛。

猶太父母不當孩子的提款機，不做孝子孝女，一樣也能讓孩子感受童年的快樂和幸福。

和孩子來場約會，帶領孩子學會享受生命，培養優雅

我小時候，父親就給過我這種愛的教育。他教我不要當嬌生慣養的「豌豆公主」，要做勤勞的孩子。每逢週末，他就帶我去參加朋友的聚會或去喝下午茶。他摸著我的頭，對我說：「沙拉，**猶太人工作的目的是為了生活得更幸福，不要因為生計而忽視享受生活，會讓你失去很多美好的東西。**」

在和父親一起喝茶、吃甜點的時光中，我度過了童年最美好、最無邪的時光。至今，我的腦海裡仍然記得父親放鬆靠在椅背上的樣子，他一邊聽著舒緩的音樂，一邊跟我說一些我小時候的事。

我做了母親之後，也常帶女兒去喝下午茶。在女兒小時候，我們家的經濟情況稍有起色，雖然還承擔不了奢侈的消費，但每個週末我都會帶女兒出門，為她營造特別而精心的親子約會。我希望能和女兒共度一些有意義的時刻，讓她感受到生命的美妙和浪漫，而不全是讓人分心的家庭瑣事。

從我和女兒第一次在店裡一起喝茶開始，與她共度的時光就變得妙不可言。有時候，我們會點玫瑰花茶或是花生鬆餅，女兒用優雅的姿態吃著鬆餅，每咬一小口，都抹上一點乳酪和果醬。她還喜歡把藍莓果醬調在紅茶裡，創造出一些新口味。店內的環境高雅，古典音樂環繞在耳邊，女服務生穿著維多利亞時期的服裝輕輕穿梭。在這樣親密的談話時間，我放鬆地靠在椅背上，耐心地回答女兒各式各樣的古怪問題。有時，我會跟女兒側耳傾聽正在播放的音樂，在心裡打拍子，邊聽邊學。

我和女兒都非常期待每週的下午茶之約。慢慢地，喝茶的時光讓女兒的修養得到陶冶，她的氣質也越來越從容、優雅。不久前，我在上海的朋友去以色列玩，他們約了妹妹去逛街，她耐心地為他們翻譯，幫忙挑選各種伴手禮。回到上海後，朋友都向我稱讚妹妹：這孩子是那麼文靜清爽，說話慢條斯理的，吃牛排時非常優雅。朋友真誠地說，很希望女兒能去他們家裡玩，因為她給人的感覺如沐春風。

這麼回想起來，和女兒一起喝茶的時光，真是沒有白費。這些時光讓我和女兒共享了天倫之樂，也讓女兒成為懂生活、有氣質的優雅女孩。**別看猶太教養從小培養孩子的理財智商，好像非常功利，其實，當你真正接觸猶太教養之後，才會發現，猶太父母從來不忽視親情的培養！**

猶太父母這樣做

一起回憶往事的「時光旅行」，增強整個家的凝聚力

除了與女兒相約下午茶，我還和孩子一起做「時間旅行」，經常閒聊，一起回想特別有意義的過去，藉此增強整個家庭的凝聚力。

吃過晚飯，就是我們家「時間旅行」的大好時光，我慢條斯理地跟孩子們說他們小時候發生的有趣故事。他們特別喜歡聽小時候的故事，想要知道有關自己的神祕故事，包括他們是怎麼出生的、剛生下來時是什麼樣子、出生以後的點點滴滴……這裡建議爸媽不妨從孩子出生後就找個筆記本，隨手記下孩子們的第一次：什麼時候第一次吃外食、什麼時候第一次發脾氣、什麼時候第一次會笑、第一次會拿東西……當然不用記錄他什麼時候第一次哭，因為哭是天生的。

「時間旅行」讓孩子們知道，**自從他們來到這個世界，我就陪伴在他們身邊，不論什麼時候，不論我是否還在世，我的愛永遠在他們身邊。**他們既感到安全溫暖，也為母親的責任感而感動。在「時間旅行」中，我們全家一起享受生命成長的快樂與神祕，一同建構濃厚的血脈之情。

猶太父母這樣做

尊重孩子的合理建議，彼此理解包容，培養對家人的體貼

父母經營愛稍有疏忽時，孩子們就會抗議。剛到以色列時，有陣子我常常炒高麗菜給孩子吃；吃的次數多了，他們就感到煩了。有天晚上，我照常把菜燒好，端到飯桌上，可是老大和老二開始抗議：「媽媽，不好吃，我們不想吃。」最小的女兒也在後面附和說：「不好吃，我也不吃。」

抗議是三個孩子預謀好的，目的是要我改善菜色。我馬上警醒，意識到是自己疏忽了，因為生活壓力比較大，忽視了孩子們的飲食（當時，我還是全職的「電鍋」媽媽）。

這時候，天色已經晚了，菜市場已經關門了，家裡也沒有什麼東西。

聰明的媽媽該怎麼辦？我立刻跑下樓，去雜貨店裡買了點火腿，然後用冰箱裡的青豆，又打了三個雞蛋，為他們做了一鍋五顏六色的揚州炒飯。一端上桌，三個孩子樂壞了，馬上就吃了。其實，菜還是高麗菜，只是搖身一變成了色香味俱全的揚州炒飯。

外國媽媽若遇到（特別是猶太媽媽）孩子不好好吃飯，過了吃飯時間，就不給你吃了。但是孩子們這次罷餐，完全是因為我忽略了變換菜色，所以我馬上做出修正。**如果你想樹立家長的權威，首先就要尊重孩子的合理建議。**

雖然家裡當時的經濟情況不是很好，不能每天都吃四菜一湯，但從那以後，我就特別注意，每逢週末，我會跟三個孩子說：「來，孩子們，一起來做餃子！」餃子餡由孩子自己決定，有牛肉、有洋蔥、有胡蘿蔔羊肉，還有素的，每個人動手包一小盤，讓他們對包餃子熱情滿滿。

做好愛的經營，全家人就自然會一條心。孩子們在樓下踢足球時，見我買菜回來就急忙跑過來，把菜接過來拿上樓。每當孩子吃橘子時，吃到甜的都會為我留著，等我進屋，三個孩子都會舉著橘子喊道：「媽媽，吃我的橘子，我的是最甜的！」

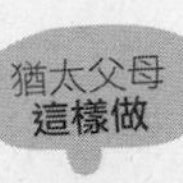

父母明確回應孩子表現出的愛，會讓孩子更樂於表達愛

有一年冬天，正好是以色列的雨季，我在街上被凍到發燒，硬撐著把春捲攤收了，去醫院看了病、拿了藥，回來捨不得花錢坐車，就扶著牆走回家，平時大概十五分鐘的路程，那天我足足走了四十多分鐘。到家我就躺在床上。三個孩子放學回來一看我生病了，連忙為我熬了點稀飯，讓我先吃藥睡下。半夜，我忽然發覺孩子在推我，看見輝輝一手拿著茶杯，一手拿著藥，跟我說：「媽媽，吃藥。」後來我才知道，兄弟倆研究了我的藥袋，一看上面寫著每六小時吃一次，就自己分工，前三個小時以華看著，後三個小時輝輝看著。想到兩個孩子，在那麼冷的寒夜，抱著熱水袋輪流值班叫我吃藥，我真的是一把眼淚一把鼻涕才把藥吃下的。

現在，三個孩子都長大了，不能像以前那樣圍在我身旁促膝而坐，可是每逢休假，就會回來看我。有次晚上快六點了，以華打電話說他要到了，我很開心。我想炒個青菜，因為他愛吃。切菜時，兒子知道我腰不好，要幫我切，拗不過我，他就說，那媽媽我先幫你按摩。

我正準備切菜，這時，客廳電話響了，他就去接；才走了兩步，就回過頭來跟我說：「媽媽，你要小心手啊。」兒子在那邊接電話，我的淚水就往下流。我想告訴天下兒女，其實母親要的東西真的很少，輕輕的一句關心也好，把母親放在心上也好，都會讓母親無限欣慰和滿足。以華快速說完電話，再趕過來，我沒有讓他看到我的眼淚。以華的細心叮嚀，在我心中久久不能忘懷。

曾有朋友到我家，看到兒子買給我的花園洋房後，笑著說：「我最羨慕你的是，你有這麼好的兒子。都說養兒防老，你呢，真的做到了。」

是啊，我是不是在向孩子索取愛的回報？是，也不是。索取回報只是形式，而教會孩子感受「愛」，促成雙向流動的愛、懂得感恩，才是我最終的目的。**當孩子表達出對父母的愛，父母可以清楚讓孩子知道：你的愛我感受到了，我很快樂。這種回饋為孩子帶來的快樂是難以言喻的，會讓他樂於表達。**

這讓我想起輝輝過生日時的故事。那是十月八日的早上，天剛濛濛亮，我醒了，躺在床上，正在想今晚該做什麼生日餐點給輝輝。忽然，輝輝來敲門，跑進房間，擠在我的床邊，左一聲「媽媽」，右一聲「媽媽」地叫我。

「媽媽，謝謝你！」輝輝忽然很正式地用希伯來語跟我說。

「我謝謝媽媽孕育了我，把我帶到這個世界，讓我看到了陽光，感受到生活的美好！」

這段話，輝輝說得不是很流暢，我這才發現他掌心裡有一張小紙條。他一邊瞄著小紙條，一邊用不太熟練的希伯來語跟我說：

「我現在還小，但是我會好好學習，等我長大了，會給媽媽一個燦爛的明天。」

孩子小小年紀，希伯來語彙也不多，都是他自己在字典上一句一句查，查完後寫在紙條上再背下來。在兒子生日這天，做媽媽的聽到兒子發自肺腑的感謝，真是百般滋味在心頭。愛是一個大口袋，裝進去的是滿足感，拿出來的是成就感和幸福感。

猶太父母這樣做

讓孩子學會感恩的七個重要觀念

❶ **教孩子學會分享**。這不只是禮儀，更是健康的心態。在猶太人家庭裡，親子之間的愛不是單向的，而是雙向互動的，孩子不只接受來自父母的愛，更懂得愛的回饋和回報。

❷ **父母的行為表率相當重要，不容忽視**。在生活中，父親與母親應各自承擔家庭的責任和義務，又應共同分享家庭的利益。父母要在乎家中每一個人，關愛他人的需求，尊重他人的權益。父母的一言一行深深影響著孩子，孩子會在對父母的模仿中體會到感恩。

在猶太人家庭裡，親子之間的愛不是單向的，而是雙向互動的，孩子不只接受來自父母的愛，更懂得愛的回饋和回報。

❸ **要教孩子感恩，就要從教育他感謝父母開始**。猶太人認為，要讓孩子明白父母把他們養大是很不容易的，孩子應該回報父母的養育之恩。猶太人經常講動物感恩的故事給孩子聽：烏鴉長大後，還會回來餵自己的父母，就像當初父母尋找食物餵自己一樣。鳥都能做到，更何況是人呢？

❹ **讓分享的觀念在孩子心裡生根**。在大多數華人獨生子女家庭裡，父母非常寵愛孩子，孩子就是家中的「小皇帝」，要什麼有什麼，理所當然地獨占——有的家庭在吃飯時把好吃的菜都留給孩子；看電視，遙控器由孩子主宰；家裡來了小客人，孩子竟不容許媽媽把零食分給小客人吃。這樣下去，「分享的觀念」和「感恩的心」就難以在孩子的心裡生根。

❺ **要孩子經常說出自己需要感謝的人或事，學會讚美人與微笑**。猶太人相信，只有懂得感恩，孩子才會去幫助別人，關愛他人，萬事不以「我」為中心，不欺負同伴。這樣，孩子與他人的關係就會越來越和諧。

❻ **讓孩子多多接觸大自然**。如果孩子時時都能用感恩的心來看世界，就會發現這個世界的美好：鳥兒歌唱，陽光明媚，花兒芬芳，都能讓他感到愉悅。

❼ **真正的感恩是真誠的、發自內心的感激**。而不是為了某種目的、迎合他人而表現出的虛情假意。傑出的猶太人都是懂得感恩的人。

傾聽孩子的心聲，給他足夠的安全感

父母的認真聆聽、充滿愛意的擁抱、親吻和撫摸，會緩解孩子的不安，讓他的身心放鬆、滿足。「父母愛我、瞭解我、支持我，永遠和我在一起」，是孩子獨立面對這個世界最重要的能量。

在華人父母看來，西方人、猶太人對待子女沒有人情味，這種觀點大錯特錯。猶太人有一句極為睿智的格言：「人類有三個朋友，分別是小孩、財富與善行。」只有長時期在血與火的急流中跋涉、隨時會遇到苦難的民族，才能想出這樣的格言。

猶太民族清楚意識到，社會的未來和希望都寄託在孩子身上，孩子幾乎接近神聖。猶太家庭是名副其實的「孩子的王國」。

猶太人有一條規矩，孕婦應當享受特殊待遇，必須讓她吃得好。在貧窮人家，甚至寧可大家挨餓，也不能讓孕婦餓著。孩子一出生，就成了家庭的中心。用猶太人的話來說：「一歲是國王。」

從這個意義上說，猶太人也像華人一樣愛孩子、尊重孩子，只是更注重愛的學問。

有技巧地表達關懷，用信件與音樂寬慰孩子

當孩子度過幼兒期，猶太父母就會把深沉的愛藏在心底，和孩子保持適當的距離。猶太教養認為，父母真正成功的愛，就是讓孩子盡早作為一個獨立的個體從你的生命中分離出去，以他獨立的人格，面對他的世界。這種分離愈早，孩子未來就愈容易適應。可是，斬斷臍帶，並不代表親子之間分道揚鑣，心生嫌隙。相反地，猶太家長認為適當的親子距離，更能讓孩子的手觸摸到自己的心，感受到綿綿不絕的親情力量及血脈間的緣分，即使相隔千山萬水，也如同近在咫尺。

孩子們在求學期間，我與他們也是聚少離多。有一次在上海求學的輝輝打越洋長途電話給我。我聽出兒子的聲音有點不太高興，情緒也比較低落。我遠在特拉維夫，遠水救不了近火，心裡很著急，不知道該怎麼讓他說出心事才好。

「兒子，怎麼啦，有什麼不高興的事情嗎？」我小心翼翼地問他。

兒子沒精打采地說：「媽媽，真的沒什麼，別擔心了。」

兒子很懂事，不會用父母的愛反過來折磨父母。但是，我知道他一定是遇到什麼不順心的事，但我沒有再追問，只是安慰他說：「兒子，不管有什麼事，都別太擔心，再大的事情都會過去的。」可是掛上電話後，我還是有點不放心。母子連心啊，他憂鬱，我也跟著不開心。輝輝是個很外向的孩子，有什麼心事，通常都會迫不及待地跟我分享。這次他選擇沉默，一定是有什麼困難在他心裡難以排解。

怎麼辦呢？隔著千山萬水，我如何向兒子傳達出媽媽的關懷和支持呢？想來想去，我拿起筆，給兒子寫了一封信：

輝輝：

媽媽希望你讀到這封信的時候，心情已經好了起來。

生活中，我們的許多憂慮其實都是庸人自擾。世界就是無常，沒有定論，你用好的眼光去看，就是好的，用壞的眼光去看，就是壞的。媽媽想講個小故事給你聽：

一個新組裝好的小時鐘放在兩個舊時鐘當中。兩個舊鐘「滴答，滴答」一分一秒地走著。其中一個舊鐘對小時鐘說：「來吧，你也該工作了。可是我有點擔心，你走完三千兩百萬次以後，恐怕就吃不消了。」

「天哪！三千兩百萬次。」小時鐘吃驚不已，「要我做這麼大的事？辦不到！」

另一個舊鐘說：「別聽他胡說八道。不用害怕，你只要每秒滴答擺一下就行了。」

「天下哪有這樣簡單的事情？」小時鐘半信半疑，「如果是這樣，我就試試吧。」

小時鐘很輕鬆地每秒鐘「滴答」擺一下，不知不覺中，一年過去了，就擺了三千兩百萬次。

說完這個故事，媽媽還想跟你分享一首曲子，是孟德爾頌的〈乘著歌聲的翅膀〉，希望這首優美恬靜的曲子，可以帶給你平和的情緒。

當年，你外公曾告訴我：「歌聲是一群永遠活著的精靈。因為有了它們，無論處於快樂、憂傷還是痛苦之中，都能幫你找到快樂。」那時，年幼的我不能分享你外公遠離故鄉、避難上海後心中的那份酸甜苦辣，只能偎依在他身邊，一知半解地陪伴他欣賞一段段輕柔的音樂。

歲月不停流逝，轉眼間我已經到了當年你外公的年紀了，終於可以體會，當年他為什麼常常一個人靜靜地聽音樂。只要旋律響起，無論何時何地，也不管浮躁還是悠閒，那一刻的安靜與美好，使人覺得人生可以不那麼乾涸、緊張。

我去唱片行買了孟德爾頌的〈乘著歌聲的翅膀〉，連同信一起寄給遠在上海的兒子，表達我對他的信任和關愛。讓他知道，即使相隔千山萬水，媽媽也會和他一起分享旅途上的酸甜苦辣，他不是一個人孤軍奮鬥。

過了一段時間，兒子在電話裡鄭重地跟我說：「媽媽，我收到信了，那首曲子真的很好聽。謝謝！」那一刻，我感到有股暖流流進心田。

猶太父母這樣做

善用睡前時間，和孩子「談情說愛」，增進親子感情

美國總統歐巴馬夫婦在教育女兒的方法與猶太父母有異曲同工之妙，他們努力把握好愛的距離，相互擊掌鼓勵對方，努力融入女兒的生活。只要是女兒發出邀請的活動，他們都盡量參加。他們對女兒在學校的表現、與老師保持聯絡等事都非常重視。

要推動孩子走向獨立，想要有朝一日抽回扶著他的手，親子之間絕對要有「蜜糖時間」。比如孩子小時候入睡前，就是最佳的「蜜糖時間」。別對孩子沒完沒了的問題感到不耐煩，別因為孩子要自己反覆說同一個故事而厭煩。利用孩子入睡前的時間和孩子「談情說愛」，讓親密的感覺成為調和親子關係的「蜜糖」。

當你認真聆聽孩子的話語，他會慢慢學會跟你分享他的擔憂、希望和心願；而你充滿愛意的擁抱、親吻和撫摸，也會緩解孩子的不安，讓他的身心放鬆、滿足，平靜地進入甜美的夢境。即使只是和孩子東一句西一句地閒聊，也是關愛孩子的表現。其實孩子的想法都很簡單，就只是要父母平時多關心自己，多和自己溝通，哪怕只是跟父母說說學

當孩子度過幼兒期，猶太父母就會把深沉的愛藏在心底，猶太家長認為適當的親子距離，更能讓孩子感受到親情的力量。

校微不足道的開心事，其實最想要的就是感受到父母和他們的心連在一起。

我和孩子溝通時，有時會告訴他們我小時候也遇到過類似的情況，當時我是怎麼處理的，比如傷心、吃虧、失落時該怎麼辦等，心平氣和地和孩子分享自己的人生經驗和教訓。當孩子知道我也是面對壓力和煩惱、一路走過來的時候，就比較容易聽進去我說的話。媽媽身為榜樣的力量，無疑也增強了孩子們克服壓力的勇氣和信心。

親情是一輩子的聯繫，「父母愛我、瞭解我、支持我，永遠和我在一起」，是孩子獨立面對這個世界最重要的能量。

猶太父母這樣做

瞭解孩子想法的八個小技巧

❶ **細心收集孩子的生活紀錄。**從孩子出生開始，就記錄孩子的言行。從孩子的言行中可以發現孩子的優缺點、各種情緒反應和生活習慣、喜好等，往後教養孩子就有參考依據。

❷ **多方聽取對孩子的意見。**從多重管道獲得孩子的資訊，可避免家長固有的偏見，有助於發現被自己忽視的問題。孩子最信賴的人是老師，最親密的人是同學或朋友。從老師、同學與朋友那裡獲得的資訊，是父母最佳的參考資訊。

❸ **做孩子的知心朋友。**身為父母，不必處處以長者身分自居，否則孩子會對你關閉

心靈之門，讓你一無所知。茶餘飯後可以和孩子聊聊天、談談心。兩代人之間心理距離縮短了，就可以在不知不覺中瞭解孩子的脾氣、性格、興趣、愛好等。

❹**珍惜孩子的進步，哪怕只有一點點。**通過昨天和今天的比較，就能清楚瞭解孩子的進步，父母要捨得讚美和鼓勵孩子，讓孩子獲得成功和體驗，是教養的關鍵。

❺**及時掌握孩子的想法。**幫助孩子學會正確處理生活中遇到的問題，同時能通過語言把自己腦中的經驗和想法準確地傳達給孩子。

❻**選擇恰當的溝通方法。**孩子的性格各有不同，這就需要父母根據孩子的特點，選擇適當的談話方法，這裡有兩種方法：「直敘法」，就是父母直接向孩子表明自己的態度，特點是快速，但只適合性格比較外向的孩子；「間接法」，就是透過跟孩子說個小故事或引用事例等方式，引起孩子談話的興趣，然後順勢引導到談話的主題。

❼**尋找適當的談話時機。**孩子身上和周圍環境裡隨時都可能發生一些事情，若抓住機會教育，及時溝通想法，效果會比平時好，孩子也比較容易聽進去。

❽**製造融洽的談話氣氛。**很多父母平時和孩子很少溝通，發生問題之後就嚴厲訓斥孩子，久而久之，親子感情變淡，親子之間的距離也漸漸拉大。因此，與孩子交談，一定要製造和諧的氣氛，說句笑話，講點令人高興的事情，拉近距離，效果就會好很多。

放手不放任，猶太教養精神的實踐

後退一步，是一種高瞻遠矚的教養策略。
但是，當孩子需要被保護或遇到無法解決的困難時，
家長應該提供及時的幫助，也就是站在「安全距離」來守護孩子，
要讓孩子感受到危急關頭爸媽一定會出現！

猶太教育建議真正為子女幸福著想的父母後退一步，別做始終盤旋在兒女頭頂的直升機。但是，後退一步不等於放任。在以色列，儘管每個家庭情況不同，但每個家長都有最低的行為原則，就是「我能放手讓我的孩子走多遠」，超過了這個原則，家長就不會繼續放手不管。

猶太父母這樣做

家庭會議讓孩子學會解決問題、與人溝通、互相尊重的智慧

你若問我後退一步、放手又不放任到底該怎麼做，我首先想到的便是我們家的家庭會議。以色列幾乎每個家庭每週都定期召開家庭會議，以色列教育專家認為：在每週一次的家庭會議上討論或解決孩子（四歲以上）的問題，可讓父母省卻許多麻煩。許多問題都

能通過家庭會議解決，但這不過是額外收穫而已。**家庭會議的主要好處，在於孩子可以藉此學會生存智慧，如掌握解決問題、與人溝通的技巧，懂得合作並互相尊重、培養創造力，知道如何進行集體討論、承擔責任和表達感受，還包括知道如何讓家人快樂。**

家庭會議記錄著我和孩子們共同走過的心路歷程。我家的家庭會議訂在每週六早飯後。大家邊喝早茶邊開會，早茶一般由女兒負責，她繫著小圍裙，端出自己烤的漂亮草莓小點心，在每個人面前細心地擺上一小塊。

會議主持人基本上不是我，而是由孩子們輪流擔任。除了主持人，每次會議還要有一個助理，負責協助主持、控制時間、做會議記錄等工作，助理也是每週輪流擔任。有了主持和助理，就能保證會議有條不紊地開展，其他人要做的就是參與討論。家庭會議一旦開起來，每個家庭成員都很積極地參與，因為討論的主題都是在日常生活中遇到的，大家都有話要說，不吐不快，而且知無不言，言無不盡。

「這週在學校學習的情況如何」、「最近和同學們相處得好不好」、「這週誰值日值得比較好」、「這週的菜單是什麼」、「怎麼學希伯來語更快」、「春捲加點辣會不會更好賣」、「雞粉最後放可以節省成本」、「同學過生日該準備什麼禮物」、「我想去麵包店打工可不可以」、「媽媽開餐廳怎麼樣」等，都是我們在家庭會議上討論過的問題，看起來似乎很瑣碎，卻很重要。而且，這些問題在當時看來確實是我們家亟待解決的問題。

家庭會議發揮功能，為孩子爭取更好的教育資源

有了家庭會議，孩子們就會確實感覺到心中有條連接家人的紐帶，知道媽媽就是他們的後盾，在危急關頭，媽媽一定會出手。為以華和輝輝爭取希伯來語老師，就是在家庭會議上商議出來的成果。

以華和輝輝來到以色列後，先念了語言學校，那裡是用希伯來語教希伯來語。在語言學校大門上掛著一個標語：「當你進入學校，請說希伯來語。」初到以色列的小孩，老師就用肢體語言來教他們，比如教希伯來語「開門」，老師就會做「開門」這個動作。遇到肢體語言表達不清楚的，老師就會用畫畫來表達。很快，當小孩張開嘴巴，就有了語感，語言問題自然迎刃而解。

以華和輝輝在會議上跟我說：「媽媽，我們好像學不會希伯來語。」我跟他們一溝通，發現原因不是他們不努力，而是班上的俄羅斯小孩太多，老師迫不得已稍微調整了教學方法，在希伯來語中夾雜了俄語。結果，以華和輝輝在希伯來語和俄語之間就感到很混淆。

當時以色列和中國剛建交，我們是以色列的第一家中國移民。以色列的語言學校裡除了以華和輝輝，沒有其他華人學生，老師不會特別為兩個華人學生破例的，怎麼辦？

想來想去，我連夜起程趕去耶路撒冷教育局。等我風塵僕僕趕到時，已經天黑了，教育局早已下班。我也不知哪來的勇氣，竟然在耶路撒冷教育局樓下睡了一夜。隔天一大早，我就走進教育局局長辦公室，總算為兩個孩子爭取到當地最有名的希伯來語老師。這位我從耶路撒冷求來的老師，真的是我見過最好的語言老師，在他的悉心教導下，以華和輝輝的希伯來語突飛猛進。

以色列的語言教育真的很成功，也啟發了我。我每天搜集報紙上的各種圖片，分門別類地剪下來，貼在紙卡上。以華和輝輝從語言學校放學後，我就把紙卡交給他們，要他們把不會的挑出來，再去向老師或鄰居孩子請教，這也是孩子們始終相信媽媽是他們最堅強後盾的原因。他們知道，在危急關頭，媽媽一定會出現。

在家庭會議上，我還鄭重地問孩子們：「媽媽想開一家小小的中國餐館，你們說好不好？」我請他們每個人都發表意見，小女兒當時才上小學，但一樣擁有發言權。多年後，孩子們都長大成人，可他們至今都還記得，曾經全家一起席地而坐商議「家庭經濟發展計畫」。

雖然每週召開家庭會議是我的建議，但是，習慣做中國媽媽的我，反而不太適應這種完全的民主，開會時常常出現不民主舉動的就是我。我常常會不自覺就拿出做母親的權威，擺出家長的架子，但我的做法馬上就會遭到孩子的指責和彈劾。他們會一臉嚴肅、鄭重對我說：「媽媽，請你得到發言權後再發表意見，現在還沒輪到你呢。」我也會趕緊說道歉，接受孩子的批評，遵守家庭會議的議程，把包辦一切的想法按捺下去，給孩子挺身而出的機會。

不過，以色列也有句名言：「造物主沒有力氣照顧全世界，所以才創造了媽媽。」如此說來，媽媽在特殊情況下是有特權的。我很少使用這把尚方寶劍，但也有例外，比如孩子的學校選擇。孩子的社會環境由同學決定，這些同學會變成他們終生的朋友、事業夥伴，偶爾還會變成配偶，另外教師的素質也和學生的素質息息相關，所以選校是個長遠的問題。在這個問題上，我曾經跟女兒有分歧，因此我動用了母親的特權。

猶太父母這樣做

涉及生存基礎與重要價值觀，方可動用父母的特權

女兒當時不太想去宗教小學，因為讀宗教小學需要比普通公立小學更早起床，上學還要穿裙子，還要花四成的時間學習猶太學。女兒更想去好玩一點的學校。但是，我卻幫她找了當地最好的一所宗教小學。做這個選擇時，我是經過深思熟慮的。

以色列從二十世紀五〇年代起，就鼓勵新移民子女進入宗教小學，通過學科教學（尤其是歷史、文學和地理）和課外活動，學習猶太民族傳統的基本知識和價值觀。這種學習方式可以幫助新移民一代盡快跨越文化障礙、適應以色列文化，快速融入以色列學校生活和社會生活。我想，女兒長大後可以不認同以色列文化，但是她不能不懂得以色列的文

化。比方說魚類、蛋、水果和蔬菜可以跟肉類或乳製品同時食用，但是乳製品和肉類的餐具應當分開使用、清洗和存放等。

為了讓女兒去宗教小學前能打下良好的基礎，我請家教教了她一個月，每天就反覆教她希伯來語的二十二個字母。希伯來語「sabra」意為「土生土長的以色列人」，是猶太人的民族語言，也是世界上最古老的語言之一，屬於中東亞非語系閃語族的一個分支，字母中沒有母音，只有二十二個輔音，從右往左書寫。希伯來文雖然簡單，但為了維持語言的純淨，用起來卻要十分謹慎。我請家教從第一個字母開始教，女兒扎實地學了一個月，直到滾瓜爛熟。

剛去上小學時，女兒並不能完全理解我的心情。但當她讀完三年宗教小學後，這些文化和禮儀在她心中已經根深柢固了。她懂得以色列的風土和民俗，會寫很好的希伯來語文章，修辭能力也非常強。她接受了很好的淑女教育，毫無疑問，她成為受大家喜歡的女孩了。

我一直想找個機會，跟女兒說說當年這個沒有尊重她個性的選擇，一直想跟她道歉。我相信有一天，當我不在這個世界上了，女兒生下的第三代移民，會理解我這個做外婆以色列有句名言：「造物主沒有力氣照顧全世界，所以才創造了媽媽。」父母在特殊情況下可以動用特權。

的苦衷和心意——那份出於母親的私心。

不過，我也並沒有堅持到底。當女兒從宗教小學畢業後，我就順從她的心意，讓她到普通學校讀國中，她的英語和數學成績都是班上第一名，因為宗教小學的教育是非常嚴格的。

女兒如今成年了，已經開始從當年的學校教育中受益，她懂得以色列的文化和禮儀，深受以色列朋友喜愛，人緣非常好。她可以在警察局裡幫忙做翻譯、當律師的助手幫中國勞工打官司，她沒有文化的障礙。有天女兒突然對我說：「媽媽，如果你當初沒有讓我讀宗教小學，我可能學不到那些靈魂深處的東西。」

後退和放任之間，失之毫釐，謬以千里。後退一步，是一種高瞻遠矚的教養策略。但是，**家長把孩子推到「第一線」時，當孩子需要被保護或遇到無法解決的困難時，就應該提供及時的幫助**，也就是站在「安全距離」處來守護孩子，要讓孩子感受到危急關頭爸媽一定會出現！

猶太父母這樣做

家庭會議的十個基本守則

❶ **規定會議時間。**如每週一次，除非有特殊狀況，否則每位家庭成員都要出席。

❷ **提前公布會議議題，並記錄在紙上。**每位家庭成員都能在上面寫意見。

❸ **多讓孩子做會議記錄**。寫下重要的資訊及記錄下家庭成員之間的協議。

❹ **避免干擾**。盡量將電視和收音機都關掉。

❺ **以讚揚和感激作為開場白，讚美每位成員這一週良好的表現**。這樣，每個人都有讚揚與被讚揚、感激與被感激的機會。

❻ **認真傾聽每一個人的發言，尤其是孩子**。因為討論或傾聽別人的感受往往足以讓人感動，並發生轉變。

❼ **切忌在會議中大吼大叫，別人說話時不能打岔，不能貶低別人或罵人**。

❽ **不要占用孩子看卡通的時間**。

❾ **花些時間討論即將發生的事件或計畫**。例如度假。

❿ **開家庭會議前準備一些茶水和甜點，讓會議充滿樂趣**。

用樂觀灌溉孩子，培養對人生的熱情

一般習慣說一天就是從早上到傍晚，但猶太人的一天是從日落開始的。
他們認為，與其明亮地開始，黑暗地結束，
倒不如黑暗地開始，明亮地結束來得令人欣慰。
「樂觀」是猶太父母送給兒女最好的禮物，也是家庭存續的命脈。

猶太人認為維持一個家庭命脈的，不是父母對子女的權威，而是父母的樂觀與愛。這豁達的樂觀和赴湯蹈火的愛，才是一個家庭生生不息運轉的動力。如何表達出這份愛，猶太父母推崇「樂觀表達法」。

猶太父母這樣做

樂觀是送給兒女最好的禮物，也是家庭存續的命脈

猶太父母和孩子相處時，會跟孩子說：「快樂而幸福地過好每一天，就是生活的目標。」這也是猶太民族世代相傳的教養精神。

一般習慣說一天就是從早上到傍晚，但在猶太人眼中卻完全相反。猶太人的一天是從日落開始的。很多人對這種時間觀念很好奇，「為什麼一天要開始於日落？」這種時間

觀念是猶太人特有的。猶太人認為，與其明亮地開始，黑暗地結束，倒不如黑暗地開始，明亮地結束來得令人欣慰。走進猶太家庭中，撲面而來的一定是樂觀的家庭氣氛。「樂觀」是猶太父母送給兒女最好的禮物，也是家庭存續的命脈。

小時候，我父親就以身作則，為我樹立了用微笑來面對困境的榜樣。父親當年受納粹迫害，輾轉逃亡到上海，他以猶太人典型的樂觀、白手起家做起酒類和地毯生意，重新開始生活。父親傾其智慧，教育我成為一個禁得起風雨的人，他常常跟我說：「沙拉，當你覺得心情不好、失落的時候，是因為你把自己當成世界上最不幸的人，如果你發現還有比你更糟糕的人，相信你會格外珍惜目前的處境。就像光明是因為黑夜的襯托，幸運是因為有了不幸的襯托一樣。你對生活微笑，生活也會用同樣的微笑來回報你。」

猶太父母把樂觀與愛當作是家庭的命脈，而我，也是誤打誤撞執行了這個任務。

猶太父母這樣做

現實是教育孩子的最佳教材，父母對生活的熱情更是孩子面對挫折的支柱

剛到以色列時，一切並不如預想得美好，好事總是多磨。我原本以為以色列移民局至少會把我們一家安排在海法之類的城市，沒想到，他們把我們安排在毗鄰黎巴嫩的邊陲城鎮：謝莫納，那是個位於胡拉谷地西北部、僅有兩萬兩千人口的小鎮。

三個孩子不明就裡，因為第一次出國，在飛機上嘰哩呱啦地興奮不已。離開喧譁的機場和陌生的人群，孩子們像喜鵲一樣唧唧喳喳地坐上車，車順著起伏的公路向以色列北方前進。走著走著，以華和輝輝發現，怎麼窗外的景色越來越荒涼？跟高樓林立、喧囂繁華的上海比，這裡真是太簡樸、太肅靜了。

「媽媽，我們為什麼要來這裡？」

「因為這裡培養出以色列最優秀的外交官啊！」這是移民局的官員告訴我的，我用它來照亮孩子們已經晴轉多雲的心情。

三個多小時後，車子抵達了謝莫納，停在幾幢白色樓房的中央。其實，謝莫納鎮還是很美的，遠處巍峨的黎巴嫩雪山映入眼簾，往前看，花草樹木鬱鬱蔥蔥。

孩子們在上海長大，從沒見過雪山，此刻他們馬上又興奮起來。而白色樓房裡的住戶，聽說來了中國的移民，都熱情地出來探看。我靠著父親生前教我的一些希伯來語，勉強可以跟他們做一些簡單的交流。

鄰居的小孩很熱情，幫我們把行李拿上三樓。這裡的格局就和我小時候住過的上海猶太聯合會一樣，也是把第三層設為住宅，底層沒有間隔，可以當球場，專門供小孩玩耍。我們家是九號，三房兩廳兩衛，有三十幾坪，夠用了。但是家徒四壁，沒有裝潢，看起來有點淒慘。

孩子們抱著自己的行李，想放在地上又不想放的樣子，一臉沮喪地問我：「媽媽，我們晚上怎麼睡啊？」

「孩子們別擔心，讓媽媽想想。」那一刻，我真是不知道哪來的勇氣。趁著太陽還沒下山，趕緊跑下樓，找了幾個紙箱，拆成紙板鋪在地上，再打開行李中的被褥，一家四口這才算落下了腳。吃著鄰居送來的晚餐，我們開始了在以色列第一天的新生活。孩子的心是六月的天，綿綿陰雨一過，馬上又晴空萬里。我領著孩子在夜色中玩起剪刀、石頭、布，大拳頭小拳頭比畫在一起，簡陋的家裡洋溢著歡聲笑語。

臨睡前，我抱著孩子們說：「孩子，一切都會變好的。這地方的繁華是比不過上海，可是，它會給你們一個全新的學習環境，是你們成長的搖籃。你們知道猶太人出過多少世界菁英嗎？他們就是榜樣。等過個半年，你們把希伯來語學好了，媽媽就努力搬去特拉維夫或耶路撒冷，媽媽希望你們有美好的未來。媽媽愛你們，媽媽保證，會讓你們快樂過日子的。」

日子就這樣翻開了嶄新的一頁。每個來到以色列的新移民，按規定都要先念語言學校，接受為期三至六個月的密集希伯來語訓練。希伯來語和漢語最大的不同，在於缺乏形容詞，若是要描述事物，就得大量使用比喻。為了盡快鍛鍊孩子的比喻能力，我就每晚和孩子圍著餐桌，一起玩語言遊戲。我負責提問，三個孩子就來搶答。比方說，我問：「孩子們，你們誰能形容一下，最黑的天是什麼樣子？媽媽今天做了雞腿，誰回答得好，就先給誰吃！」

「最黑的黑是——漆黑一片！」

「不是最好！」

「最黑的天是——伸手不見五指！」以華用希伯來語答得最好，雞腿先分給以華吃第一口，三個孩子笑成一團。

「Yeheyebesedr（一切都會好起來的）。」這是我每天早上起床後對孩子們說的第一句話，這也是道地的以色列父母口頭禪。

身為一個平凡的女人，此時此刻，我有理由憂傷啼哭，甚至對未來充滿擔憂，可是作為一個成熟的母親，我必須樂觀、堅強、從容，必須做好這個家的榜樣。生活現實是教育孩子的最佳教材，父母對生活的熱情與執著、不怕困難的態度和堅強的意志，更是孩子面對挫折最強大的精神支柱。

猶太父母這樣做

貧困中也不忘感恩教育，讓孩子學會尊重他人及自重

我們剛到以色列時，從上海帶去的衣服完全派不上用場，就在舊衣籃裡撿別人的。**猶太人和華人不一樣：猶太人把不要的衣服洗得乾乾淨淨，疊得整整齊齊，放在垃圾桶旁邊的舊衣籃裡，讓還處在貧困中的人拿回家穿。**有段時間，我們的衣服都是撿來的。

幾年後，我們的經濟狀況好了，也一樣把自己不穿的衣服，洗得乾乾淨淨地疊放在垃

圾桶邊，提供給需要幫助的人。然後，我特別交代輝輝說：「如果你看見有人穿了我們的衣服，千萬不要說那件衣服本來是我的！」

沒想到，送走衣服的第二天，輝輝就跑回家來跟我說：「媽媽，我看見一個俄羅斯人穿我們家的衣服了！但是我沒有說出來，我假裝沒看見，從他身邊走過去。」

「做得對，好孩子！」給別人自尊，才是真正愛別人，同樣，也體現出你的人格。

以前，我們撿別人剩下的衣服穿時，我也時時刻刻在想：以華和輝輝都已經是青少年了，如果學校裡的同學說「你穿的衣服是我穿過的」，那孩子們怎麼辦？當時，我在家跟孩子們說：「如果有人說，你的衣服是我穿過的，孩子們，你們一定要說，謝謝你對我的幫助。」我告誡孩子們，千萬不要貧嘴說：「衣服是我在垃圾桶旁邊撿的，憑什麼說是你的？」我希望我的孩子會珍惜別人的幫助，跟衣服的主人說：「謝謝你，給了我幫助。」

孩子們從來沒跟我說過，是否有這樣的事情發生，但是我相信，即使真的有人說「你穿的衣服是我穿過的」，他們也會非常有修養地謝謝人家。

從我自己建立一個家、成為三個孩子的母親開始，我始終都沒有忘記父親的教誨：讓生活現實是教育孩子的最佳教材，父母對生活的熱情與執著、不畏困難的態度意志，更是孩子面對挫折最強大的精神支柱。

家裡洋溢著歡聲笑語。都說貧賤夫妻百事哀，似乎經濟最有可能打垮一個家庭的凝聚力，其實，家庭最離不開的是父母的樂觀與愛。當華人父母在想方設法滿足孩子的諸般需求，有沒有想過自己該給孩子最重要的東西是什麼？不是物質，而是家庭中百折不撓的樂觀精神，那才是家庭堅強自信的品格，是家長對孩子無怨無悔、富有成效的愛。

猶太父母這樣做

培養孩子樂觀態度的九個心法

❶ **協助孩子確立信心**。有的孩子的性格很悲觀，父母對此應該要有明確的認識。性格是可以重塑的，父母要幫助孩子樹立塑造樂觀性格的信心。

❷ **協助孩子學習正確地進行自我分析，引導孩子討論消極情緒**。鼓勵孩子生動地描述心中的憂慮，因為繪聲繪色的描述可以讓孩子放鬆，具有治療作用。

❸ **加強孩子和同伴的情感聯繫**。在孩子的樂觀性格塑造中，友誼具有重要的作用，父母要鼓勵孩子與同年齡的孩子一起玩耍，讓他學會愉快而融洽地與人交往。

❹ **協助孩子調整心態**。指導孩子學會自我排除心理障礙，學會讓悲觀情緒及時得到化解。

❺ **多運動及做家事**。這些活動不僅可以幫助孩子消除挫折感和消極情緒，還能使孩子證明自己能夠自我控制和掌握外在世界，培養他們的成就感和自信心。

❻ **減低孩子的物欲**。讓孩子明白人生的快樂不等於財富，父母應該對孩子的物質欲望有所限制。

❼ **讓孩子擁有廣泛的興趣**。多為孩子提供各種興趣與愛好的選擇，並給予孩子必要的指導，因為充實的生活更容易造就幸福的人生。

❽ **為孩子樹立榜樣**。反省自己有沒有無意之間把焦慮和沮喪不恰當地傳染給孩子。雖說不要過分地保護孩子，但是，這並不意味著不需要適當地對他加以保護。

❾ **家庭面對考驗時，做父母的更要以身作則，從容面對生活的挑戰，讓孩子感受到你戰勝困難的決心和意志**。不妨當著孩子的面說一些給自己打氣的話，別小看這幾句自我鼓勵，孩子可以從你身上學到自我鼓勵和平和的心態，讓他受益終生。

愛對方法，單親家庭不再是教養的障礙

很多單親家長，總把孩子成長過程中的問題歸咎於家庭的不完整，
其實，父母經常吵架的家庭對孩子的成長影響也很大，
單親是正常的社會現象，處理好了，並不影響孩子健康成長，
如果離婚不可避免，對離異的父母來說，一定要學會單親家庭如何愛孩子。

我曾嚮往過婚姻的幸福，但是很不幸，在婚姻的道路上，我是個坎坷的妻子。當時我和前夫早已離婚，可是在女兒面前，我們合力掩飾這個事實。那時，女兒雖然才三歲多，卻已經有極強的觀察力了。小孩子是最敏感的。我不停看到女兒打開一絲門縫在觀察我們。過了一會兒，你可能聽不到腳步聲，那其實是她光著腳站在門外，又過一會兒，我又看到女兒的一雙大眼睛。女兒在那一刻的舉措，讓我震驚、痛心，我止不住地流淚。我想跟女兒說：「對不起。」那一刻，我重新審視自己，五味交加，心如刀割。我沒有及時為女兒做好爸媽已經離婚的心理準備，後來我更花了無數心力來抹平這份隔閡。

慶幸的是，女兒終於成長成積極向上、優雅善良的孩子。

要減低破碎婚姻帶給孩子的傷害，父母得先回頭檢視自我

婚姻不幸的夫妻是否該為了孩子，而勉強繼續婚姻？這樣做對子女是否真的有好處，至今還是個充滿爭議的問題。然而，若要減低離婚帶給孩子的傷害，父母必須回頭檢視自我，並找出辦法解決。

離婚家庭的三種情況

根據我的經驗，離婚家庭大致有三種情況：

第一種，父母外向，一直不停爭吵，爸爸不愛媽媽，媽媽也不愛爸爸，這是婚姻的悲劇，孩子深受其害。離婚對孩子來說，是一種釋放。

第二種，孩子從來沒見過父母爭吵，婚變突如其來，孩子措手不及。這時候，父母偽裝得越好，孩子受到的傷害就越大，他們覺得自己被徹底蒙在鼓裡。有可能會走極端，從好孩子變成壞孩子。

第三種，發生在比較民主的家庭。孩子隱隱約約覺得父母既不幸福，也不快樂。這種氛圍讓孩子反過來替父母擔心「你們撐得太辛苦了」。因為孩子親眼看到，經過修飾的父母是那麼痛苦，而這一切都是為了他。孩子會退一步為父母思考，他會說，離不離你

們自己決定。

婚姻一定會碰到困難，最好的解決辦法是克服困難，這是父母能為子女樹立的最好的榜樣。但是，克服不了婚姻困難的家庭該怎麼愛孩子？又該怎麼表達出這種愛呢？

主動尋求專業協助，走出單親教養的迷思

針對單親家庭如何愛孩子，以色列專門設立了輔導學校，幫助單親的家長走出教養迷思。我也曾去過這種輔導學校諮詢，真的拯救了我當時迷茫的心。比如，我學會用愛來搭建生活的優雅與樂觀，讓孩子感受到生活灑滿陽光、媽媽的內心從容且堅強，生活難免有煩惱，但並不影響我們乘著歌聲的翅膀微笑。

我學習孟母三遷，帶孩子移民以色列，在能力所及的情況下提供給他們更廣闊的未來；當我發現自己的教育理念有可能成為孩子成長的羈絆時，便下定決心做一個學習型媽媽，在家裡實施教養改革，走出教育迷思，點燃孩子們生命深處的潛能和素質。

單親是正常的社會現象，處理好了，並不影響孩子健康成長

孩子們紛紛找到了自己的人生港灣，我的風帆也要重新起航了。二〇〇三年，我在上

海和曾在高中教書的陳老師認識一段時間後，決定要結婚。我通知了孩子們。以華來了，看到陳老師，他想，叫叔叔不合適，對媽媽不尊重，但馬上叫爸爸，也覺得不太好意思。

「老爺子，您好！」那一瞬間，以華竟然想出這麼一個有味道的稱呼。

「老爺子，您抽菸。」以華恭恭敬敬遞給陳老師一支菸。

「對不起，我不抽菸。」陳老師沒有抽菸的習慣。

「那更好，抽菸對身體不好。」以華說。

接下來，沒想到一向內向的以華竟然對陳老師說出一番情深義重的話：「老爺子，謝謝您在我媽媽孤獨的時候，在我們都不在她身邊的時候陪伴她。」

以華接著又寫下自己的手機號碼：「老爺子，這是我的手機號碼，媽媽如果有什麼事跟您弄不愉快，或者讓您生氣沒地方說，您就打電話給我們。我二十四小時開機。請您相信，我們一定會非常公正。如果我媽媽欺負您，一定要告訴我，我們會盡全力支援您。」

說完，以華走上前，給了陳老師一個擁抱。他鄭重地對陳老師說：「老爺子，我們把媽媽交給您了，這樣我們就不會那麼擔心她了。我們很開心，謝謝！」

和以華見過面後，陳老師的心情久久不能平復。他一會兒坐在沙發上，一會兒又站起來，在客廳裡走來走去，對我說：「你的孩子怎麼這麼優秀呢？大凡父母再婚，都要請孩子給予百般諒解，他們卻跟我說謝謝。」

來見陳老師前，三個孩子都已經商量好了，由以華出面，左一個「我們」，右一個「我們」。以華跟陳老師見完面，特意又給我送來了祝福：「媽媽，我們都非常愛你，這是你新成立的家庭，希望可以像枴杖一樣支撐你一直走到永遠！」

孩子們對陳老師的關懷有時甚至讓我都有點嫉妒。他們從國外買東西，都是先買給陳老師。大兒子買錶，小兒子買鞋。有時，我問他們怎麼沒有買給我，他們就會開玩笑說：「因為媽媽自己會買呀。」

讓我感動的是，他們還細心買來一些有關健康、醫學的書給陳老師看，因為他們知道陳老師得少吃點糖，怕我做的菜不恰當。他們會假裝認真地跟我說：「媽媽，千萬不要老是做甜的東西給老爺子吃，不然我們就要把家裡的冰箱鎖起來！」

離婚會不會為子女帶來永久性的身心傷害？學界一直在探討，公說公有理，婆說婆有理，沒有個明確的答案。如果離婚不可避免，對離異的父母來說，一定要學會單親家庭如何愛孩子。

單親教養的四大迷思

現任美國總統歐巴馬，同樣是父母在他孩童時離異。父母離異後，母親給了他接受良好教育的機會，親生父親也經常在書信中鼓勵他發憤圖強、追求理想。由此可見，離異的父母同樣能讓孩子健康成長。以下是單親教養的四大迷思，提供家長做為借鏡。

迷思1 認為「單親家庭不正常」

很多單親孩子的家長，總是把孩子成長過程中出現的種種矛盾和問題都歸咎於家庭的不完整，向孩子傳遞「單親家庭不正常」的觀念，讓孩子也認為自己是不正常的。比如，一些家長經常說「孩子很可憐」之類的話，這會讓孩子的心靈蒙上陰影。其實，父母經常吵架的家庭對孩子的成長影響也很大，單親是正常的社會現象，處理好了，並不影響孩子健康成長，別給孩子錯誤的暗示。

迷思2 一味排斥離異的對方

很多夫妻離異後，一方帶著孩子，就不願意讓對方與孩子接觸，有的甚至乾脆搬到對方找不到的地方，讓孩子看不到父親或母親。還有的故意把對方貶得一無是處，向孩子灌輸敵對憤怒的情緒，比如「千萬別像你爸（媽）那樣」，孩子聽多了，就會在心理上對父母其中一方形成排斥心理，這是許多單親孩子性格偏離常軌的重要原因。

迷思 3

用溺愛補償孩子

溺愛是很多家庭的通病，單親家長往往表現得更為明顯。單親家長覺得自己離婚了，很對不起孩子，因此一旦孩子有任何要求，無論精神上還是物質上，都會給予無條件滿足。久而久之，孩子就容易形成孤僻、自傲、任性、自私等性格缺點。

迷思 4

心態消沉

單親家長的首要任務就是要振作，不能消沉，在孩子面前更要從容不迫，才能讓孩子有安全感。單親家長在面對一些流言和無端的猜測時，更要堅持一種責任感，要珍惜自己，熱愛生活，為孩子樹立榜樣。

用「樂觀」與「愛」灌溉親子關係的祕訣

帶著三個孩子從上海千里迢迢移民到以色列，面對現實生活的諸多考驗，以及教養方式的改變，猶太媽媽沙拉是如何經營與孩子之間的親子關係，讓三個孩子體會她的一片苦心，成長為獨立自主、懂得感恩的好孩子。以下是她經營親子關係的祕訣，以及各祕訣的最終目標。

親子之愛的經營

親子約會→帶領孩子享受生命，培養優雅

時光旅行→增強家庭凝聚力

對孩子明確表達感謝→孩子更樂於表達愛、促進親子雙向交流

傾聽孩子

表達關懷→讓孩子知道他不孤單

睡前的蜜糖時間→孩子與你分享心事、緩解他的不安

放手卻不放任

家庭會議↓讓孩子學會解決問題、與人溝通、互相尊重的智慧

動用父母特權↓守護孩子、增進孩子安全感

樂觀教育

展現對現實生活的熱情↓培養孩子面對挫折的樂觀態度

感恩教育↓教孩子學會尊重他人與自重

後記——全世界通用的猶太教養

每個家庭的父母都期望自己的孩子能夠成材，都用自己的方式愛著孩子，然而孩子的未來卻異彩紛呈，各有不同。有的孩子出類拔萃、有的孩子卻非常平庸，為什麼會有這麼大的差別呢？關鍵就在於家庭教育。

二十一世紀，孩子即將面臨競爭更加激烈的未來與不可預知的局勢，「虛擬子宮」那般過度保護的愛子方式，將阻礙孩子的未來發展。唯有篝火般的愛子方式，才能點燃孩子的求生技能與生活熱情，讓他有足夠的責任感與信心面臨未來的諸多考驗。

在本書裡，我一直強調，父母愛孩子，要愛得有意義、有價值、有方法。孩子長大後能否生活得更好，與父母的努力休戚相關。我身為一個母親，活在中國急遽變化的時代，感受了華人和猶太文化跨國教育的差異，歷經了很多艱辛和反思。

有人問我：「如何做父母、如何愛孩子、家庭教育該怎麼做、如何讓孩子長大後生活得更好？」我在本書裡一直試圖給家長的回答是：父母愛孩子的心意永無止境，但是，心意的品質也有考核標準——高品質的父母之愛，就是讓孩子終生受益。

本書提到的猶太媽媽給孩子的三把金鑰匙和培養技巧，記錄的就是我的經驗、努力和思考。它不僅僅是傳授給普通家庭的教養書，更是給富裕家庭的教養攻略。它雖然借鑑自猶太教養，但我認為在全球化的今天，有些道理是全世界相通的，而作為父母，我們對待孩子的心情也是一樣的。衷心期盼它能給天下所有父母一些啟發性的幫助和領悟。

書號：0NFL6137
野人文化
讀者回函卡

書　名

姓　名　　　　　　　□女　□男　　年齡

地　址

電　話　　　　　　　手機

Email

□同意　□不同意　　收到野人文化新書電子報

學　歷　□國中(含以下)□高中職　□大專　□研究所以上
職　業　□生產/製造　□金融/商業　□傳播/廣告　□軍警/公務員
□教育/文化　□旅遊/運輸　□醫療/保健　□仲介/服務
□學生　□自由/家管　□其他

◆你從何處知道此書？
□書店：名稱 ______________　□網路：名稱 ______________
□量販店：名稱 ______________　□其他 ______________

◆你以何種方式購買本書？
□誠品書店　□誠品網路書店　□金石堂書店　□金石堂網路書店
□博客來網路書店　□其他 ______________

◆你的閱讀習慣：
□親子教養　□文學　□翻譯小說　□日文小說　□華文小說　□藝術設計
□人文社科　□自然科學　□商業理財　□宗教哲學　□心理勵志
□休閒生活（旅遊、瘦身、美容、園藝等）　□手工藝／ DIY　□飲食／食譜
□健康養生　□兩性　□圖文書／漫畫　□其他 ________

◆你對本書的評價：（請填代號，1. 非常滿意　2. 滿意　3. 尚可　4. 待改進）
書名 _____ 封面設計 _____ 版面編排 _____ 印刷 _____ 內容 _____
整體評價 _____

◆你對本書的建議：

野人文化粉絲專頁 http://www.facebook.com/yerenpublish

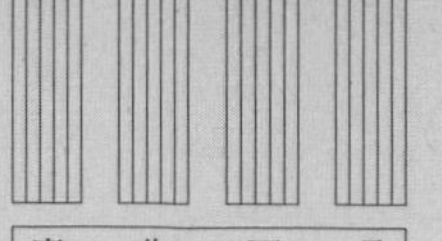

廣告回函
板橋郵政管理局登記證
板橋廣字第143號

郵資已付 免貼郵票

23141
新北市新店區民權路108-2號9樓
野人文化股份有限公司 收

請沿線撕下對折寄回

書號：0NFL6137